[PU]BLICATION GRAPHOLOGIQUE.

HISTOIRE
DE LA
GRAPHOLOGIE

PAR

ÉMILIE DE VARS,

16

Suivie d'un Abrégé du Système de Graphologie.

DEUXIÈME ÉDITION.

PARIS.

A la Librairie moderne, Jules LECUIR et Cie, Boulevard Montmartre, 17.

Au bureau du journal de *la Graphologie*, 5, rue de Chanaleilles, faub. St-Germain.

ORLÉANS
IMPRIMERIE BASCHET, RUE DE LA HALLEBARDE, 19.

—

1877.

PUBLICATION GRAPHOLOGIQUE.

HISTOIRE

DE LA

GRAPHOLOGIE

PAR

ÉMILIE DE VARS,

Suivie d'un Abrégé du Système de Graphologie.

DEUXIÈME ÉDITION.

PARIS.

A la Librairie moderne, Boulevard Montmartre, 17.

Au bureau du journal de *la Graphologie*, 5, rue de Chanaleilles, faub. St-Germain.

ORLÉANS

IMPRIMERIE BASCHET, RUE DE LA HALLEBARDE, 19.

1877.

LETTRE A M. DESBARROLLES.

MONSIEUR,

En répondant à votre lettre insérée dans *la Graphologie* du 15 août 1873, M. Michon vous disait :

« Dans nos réunions à Paris, il y a toujours eu un témoin d'une loyauté inattaquable, qui peut attester que le disciple en graphologie écoutait, en disciple, les signes que je lui montrais, et que jamais il n'a pris la parole pour me montrer quoi que ce soit lui même. »

Et vous, Monsieur, dans votre seconde lettre insérée le 15 octobre, vous répondez :

« Eh bien ! que ce témoin ose nier que le livre de M. Henze a été commenté et examiné d'un bout à l'autre, je l'en défie ! »

Ce témoin, Monsieur, c'est moi. M. Michon vous a prévenu que j'acceptais votre défi, et que j'y répondrais dans l'*Histoire de la Graphologie.*

Je vous envoie ce travail. J'y établis spécialement deux faits :

1° Que M. Michon vous a donné des leçons de graphologie, et qu'il n'en a pas reçu de vous.

2° Que vous n'avez rien appris à M. Michon, et que tout ce que vous lui avez lu de votre traduction du livre de Henze, n'a pas ajouté un iota à ses connaissances en graphologie.

Que pouvait prendre M. Michon dans le livre de Henze, puisque vous, qui savez l'allemand, vous avez constaté que *Henze n'a pas de méthode, n'explique rien, ne prouve rien?*

Je n'ai pas relevé toutes vos assertions inexactes, — je pourrais me servir d'un autre terme, — je n'ai rien affirmé, rien nié sans preuves évidentes; et j'ai la conviction bien intime que je suis restée dans le vrai.

J'ai mis, dans ce travail, toute la modération qu'il m'a été possible d'y mettre. Si quelque chose vous blesse, songez, monsieur, combien il est difficile d'infliger toute une suite de démentis, sans agacer un peu le système nerveux de celui qui les reçoit. Ce n'est pas ma faute, monsieur, c'est la vôtre. Je crois vous avoir beaucoup ménagé, et je suis loin de m'en repentir.

Agréez, Monsieur, l'assurance de ma considération.

ÉMILIE DE VARS.

Paris, 5 avril 1874.

HISTOIRE
DE
LA GRAPHOLOGIE.

I. — UNE SCIENCE NOUVELLE. — SES ORIGINES.

Une femme de beaucoup d'esprit, du dernier siècle, Mme de Genlis raconte, dans ses mémoires, qu'après son mariage, elle voulut compléter son éducation. Son mari avait une fort belle bibliothèque ; elle y prit un traité de physique, et lut, dans la préface, que l'auteur avait donné une telle clarté à ses démonstrations, qu'un enfant de douze à quatorze ans pouvait aisément les comprendre. La jeune femme avait alors la naïveté de croire aux fallacieuses promesses des préfaces. Elle commença la lecture du traité, et n'y comprit absolument rien. Elle raconta sa mésaventure à son mari ; et celui-ci lui apprit qu'avant de lire les livres scientifiques, — « mis à la portée de tout le monde, » — il faut acquérir certaines connaissances préliminaires que les auteurs supposent toujours bénévolement à leurs lecteurs.

Ajoutons à cette historiette que les procédés de vulgarisation de la science ont fait, depuis le XVIIIe siècle, d'immenses progrès.

C'est surtout lorsqu'une science se formule pour la première fois qu'il est essentiel d'en rendre l'étude intéressante. On rencontre tant de contradicteurs, tant de railleurs, tant d'incrédules et surtout tant d'indifférents ! Ceux-ci ne veulent rien entendre : A quoi bon, disent-ils, étendre l'horizon de nos connaissances, et venir, avec une science nouvelle, solliciter un travail de notre esprit habitué à son doux *farniente* ?

La Graphologie ne redoute pas les contradicteurs ; ils sont utiles aux progrès de la science ; c'est un stimulant. Elle ne craint pas les railleurs ; elle peut leur répondre. Elle craint les incrédules de parti-pris ; mais elle ne craint pas ceux qui demandent des preuves pour se déclarer convaincus. Quant aux indifférents, aux esprits paresseux, on a peu de prise sur eux. Mais, si l'on peut exciter leur curiosité, on en fait facilement des adeptes.

Il faut donc, quand on veut propager une science, prouver non-seulement qu'elle est utile, mais encore qu'elle est des plus intéressantes à étudier.

M. Michon a écrit d'abord sur la Graphologie un gros livre, les *Mystères sur l'Ecriture*, 400 pages et depuis un livre capital, *le Système de Graphologie,* qui renferme toute la science. C'est long à lire. La lecture est, dit-on, attrayante ; on veut bien le croire sur la parole de ceux qui se sont risqués ; mais on hésite.

En collaborant au journal de la *Graphologie*, la pensée m'est venue que, pour aider à la vulgarisation de la science nouvelle et donner le désir de s'y initier par la lecture d'un gros livre, il serait bon d'en faire un petit, où l'on raconterait l'histoire de la Graphologie, ses origines, comment elle en est arrivée à se formuler, ses progrès, son but, son utilité et quelques aperçus sur la manière de l'étudier.

Dans ma pensée, il ne s'agit pas de faire ici de la science graphologique, mais d'attirer sur elle l'attention du public intelligent, en lui prouvant qu'elle n'a rien de conjectural et qu'elle est basée sur l'expérimentation.

Ce n'est pas un traité que je donne à mes lecteurs, c'est une causerie, rien de plus.

Les hommes doués du génie de l'observation ont constaté qu'il existe un rapport des plus intimes entre nos facultés cérébrales et nos manifestations extérieures, telles que le geste, la démarche, les mouvements si multiples de la physionomie, l'émission de la voix, le sourire, et enfin l'écriture qui a, de plus que toutes les autres manifestations de l'âme, la puissance de fixer ses révélations inconscientes. Car, pour le graphologiste, les mots ne sont rien ; il ne voit que l'écriture. Seule elle lui donne l'organisation du cerveau de celui qui écrit. Le secret de sa force ou de sa faiblesse, ses instincts, ses aptitudes, ses passions bonnes ou mauvaises, tout a été trahi par cette plume qu'il a laissée courir sous ses doigts, sans se douter qu'elle disait bien plus, la terrible indiscrète, qu'on ne l'avait chargée de dire, et que, pour le graphologiste, ces courbes, ces angles, ces crochets, ces mots illisibles sont remplis de révélations.

Le vieux proverbe français : « Il met les points sur les i » pour dire d'un homme qu'il est méthodique, méticuleux, ordonné, minutieux, est certainement le point de départ de la science graphologique. Il établissait qu'il y a des rapports incontestables entre nos facultés intellectuelles et morales et notre écriture.

Au commencement du XVIIe siècle, nous trouvons un autre indice bien précieux sur cette science. Shakespeare fait dire à un de ses héros : « Donne-moi l'écriture d'une « femme et je te dirai son caractère. » Shakespeare avait-il une méthode ? Etait-il un graphologiste par intuition ? Nous n'en savons rien.

Un savant professeur de Bologne, Camille Baldo, qui fut regardé par ses contemporains comme une des lumières de l'Italie, publia, en 1629, à Bologne, un livre fort curieux, qu'il traduisit en latin, sur le caractère des hommes jugé d'après leur écriture. Mais ce livre ne contient aucun système. Quelques signes, souvent vagues, quelquefois peu sûrs, sont indiqués par lui. C'est donc l'enfance de la science graphologique. Son livre apprend donc peu de chose. Il est intitulé : *Du moyen de connaître les mœurs et les qualités de l'écrivain d'après une épître missive de lui.* C'est évidemment le plus ancien livre de graphologie. Le titre italien était celui-ci : *Trattato come de una lettera missiva si cognoscano la natura et qualita dello scrittore.* Ce livre est très-rare.

Lavater arrive ensuite. Il a consacré la plus grande partie de sa vie à ses études physiognomoniques. Il nous a légué une science sérieuse et utile. Plus tard, il s'occupa de rechercher les rapports qui pouvaient exister entre le caractère d'un homme et son écriture. Gœthe, son ami, avait, lui aussi, pressenti qu'il y avait là quelque chose à découvrir. Une de ses lettres à Lavater a été citée dans l'avant-propos des *Mystères de l'Ecriture.*

Cette lettre est évidemment une réponse. Comme tous ceux qui ont cherché en vain, Gœthe ne semble pas croire possible qu'un autre puisse être plus heureux que lui.

« On rencontrerait là, dit-il, plutôt une affaire de senti-
« ment qu'une science claire. On pourrait bien, par cette
« méthode, réussir dans quelques cas isolés, mais, à faire

« de la réunion du tout une certaine méthode, cela réussi-« rait difficilement à qui que ce soit (1). »

Gœthe termine sa lettre en protestant de l'intérêt sympathique qu'il attache aux recherches de son ami : il l'engage à les continuer et « à collectionner avec zèle. »

Collectionner des écritures, les comparer les unes aux autres, c'est, en effet, le premier pas à faire dans la science graphologique. Le temps seul a manqué à Lavater pour trouver ce qu'il cherchait avec tant d'ardeur. On sait quelle déplorable catastrophe vint terminer l'existence du philosophe de Zurich.

Lavater nous a laissé peu de chose de ses observations sur les écritures. Toutefois ses éditeurs, dans la grande édition de 1806, sont allés trop loin, quand ils ont dit qu'il n'avait « pas même fait les premiers pas dans une carrière « qui exigerait, à elle seule, un observateur très-habile. »

Et qui donc fut plus habile observateur que Lavater ? Les fragments qu'il nous a laissés disent bien nettement qu'il avait fait plus que les premiers pas dans la science qu'il ne lui a pas été donné de formuler. Voici quelques extraits qui prouvent qu'il était sur la voie de la découverte :

« De tous les mouvements de la main et des doigts, les « plus diversifiés sont ceux que nous faisons en écrivant. « Le moindre mot, jeté sur le papier, combien de points, « combien de courbes ne renferme-t-il pas ? » (*Œuvres de Lavater*, t. III, p. 67.)

« Plus je compare les différentes écritures qui me passent « sous les yeux, plus je suis confirmé dans l'idée qu'elles « sont autant d'expressions, d'émanations du caractère de « l'écrivain. » (Id. p. 70.)

« L'observateur intelligent jugera du caractère de son « correspondant sur sa seule adresse. » Id. p. 71 (2).

« Je distingue, dans l'écriture, la substance et le corps

(1) Gœthe, qui ne croyait pas possible de trouver une autre méthode que celle du sentiment, c'est-à-dire l'intuition, avouait pourtant que ses appréciations de l'écriture en rapport avec le caractère des hommes, l'avaient rarement trompé.

(2) L'écriture de l'adresse d'une lettre est toujours un peu appliquée, et cela suffit pour lui ôter ce caractère de spontanéité sans lequel on ne peut porter un jugement sûr.

« des lettres; leur forme et leur arrondissement; leur « hauteur et leur largeur; leur position et leur liaison ; l'in« tervalle qui les sépare; l'intervalle qui est entre les « lignes; si celles-ci sont droites et de travers; la netteté « de l'écriture; sa légèreté ou sa pesanteur. Si tout cela « se trouve dans une parfaite harmonie, il n'est nullement « difficile de découvrir quelque chose d'assez précis du « caractère fondamental de l'écrivain. » (Id. p. 72.)

Dans les *Hermites en liberté*, M. de Jouy raconte comment, en 1794, il mit à l'épreuve le talent de Lavater sur l'art de connaître le caractère d'après l'écriture. Le jugement qu'il porte sur la graphologie, pourtant encore dans l'enfance, est fort remarquable.

« Le système que Lavater avait fondé sur un examen « suffisamment approfondi des différents caractères d'écri« ture, ne lui paraissait pas moins rigoureusement démon« tré que celui qui avait pour base les traits de la figure; « et j'ai eu occasion de m'assurer, par mes yeux, que l'ex« périence le trompait moins rarement sur les jugements « qu'il portait d'après les caractères graphiques que d'a« près les physionomies.

« Réfugié en Suisse à cette époque (1794), je voyais « assez souvent le philosophe de Zurich, et j'ai été plus « d'une fois témoin des oracles qu'il y rendait. Ses mépri« ses, assez fréquentes, ne m'empêchaient pas de recon« naître en lui ce génie d'observation dont il était pourvu « au plus haut degré.

« Un jour, dans l'intention de mettre sa perspicacité en « défaut, je lui présentai quelques pages écrites à l'âge de « quatorze ans par un homme qui en avait quarante « alors. »

Cet homme n'était autre que M. de Jouy lui-même.

Voici quel fut le jugement porté par Lavater :

« S'il a vécu l'âge d'homme, je ne crains pas d'affirmer « ou que l'écrivain de ce fragment n'en est pas l'auteur, « ou qu'il s'est montré, *dès l'âge de vingt ans*, sous un « tout autre aspect qu'il ne se présente dans ce journal « d'un écolier. Cet homme doit avoir été remarquable par « des mœurs sévères et des vertus antiques; ferme dans « ses principes philosophiques, il a dû être l'ennemi de « toutes les tyrannies, de tous les préjugés. S'il n'est point « tombé victime des factions dans vos discordes civiles, et

« je serais porté à le croire à la fermeté des jambages qui « n'annoncent pas moins de prudence que de courage, si, « dis-je, il survit aux grandes commotions politiques dont « il a dû être le modérateur, il jouira d'un renom d'équité, « d'une réputation de sagesse et de vertu, qui, dans les « temps de corruption où il vit, lui assureront une gloire « immortelle. »

Dans ce travail de Lavater, sauf le mot sur la *fermeté des jambages*, tout semble être d'intuition. Rien n'est précis ; on reste dans le vague. M. de Jouy avait un beau caractère, c'est très-bien ; mais après? Était-il logicien ou idéaliste? avare ou prodigue? franc ou dissimulé? Avait-il de l'ambition, des aptitudes diplomatiques, le goût des arts, l'esprit d'ordre? Etait-ce une nature virile ou une nature féminine? un cœur aimant ou un cœur froid? Etait-il despote? et, s'il l'était, cette despotivité était-elle inflexible ou facile à combattre? Si nous avions ce précieux autographe, on pourrait vous dire tout cela, et bien d'autres choses encore. Par l'intuition, il faut toujours se renfermer dans les généralités ; c'est ce que le maître appelle faire de la graphologie naturelle.

George Sand faisait de la graphologie naturelle, et elle arrivait à des résultats merveilleux. Le portrait qu'elle a tracé du caractère de M. Michon, d'après son écriture, est quelque chose d'inimaginable comme précision. Je n'oublierai jamais ma surprise, qui ne pouvait être égalée que par mon admiration, en lisant ce diagnostique qui a paru dans le numéro 8 de la première année du journal de *la Graphologie* (1872). Vraiment, il laissait bien peu de chose à dire à la science. Le génie s'était passé de méthode. Mais le génie c'est l'exception ; c'est un don splendide dont le créateur ne se montre pas prodigue. A nous, pour arriver à la connaissance sérieuse d'un art, d'une science, il faut des méthodes, des règles. Voilà pourquoi, tant qu'une science n'est pas formulée, elle n'a pas d'existence réelle et pratique. Et voilà pourquoi Gœthe, Lavater, l'abbé Flandrin et quelques autres que je vais nommer, ne nous ayant rien laissé de précis, la science graphologique était restée, jusqu'à présent, à l'état de *desideratum*.

Camille Baldo, Walter Scott, Balzac, le philosophe Knigg, Wilhelm de Humboldt, l'historien Wolfmann, Fourier, le comte Aloïs de Robiano ont cherché dans l'écriture les mystères de l'âme humaine (1). Ce ne sont pas les premiers venus que Lavater, Gœthe et les hommes que je viens de citer. Ce sont des savants, des penseurs, des poètes. Avec cet imposant cortége, la graphologie peut se présenter comme une science qui mérite l'attention des esprits sérieux. C'est à eux qu'elle s'adresse ; leurs encouragements sont nécessaires à celui qui s'est donné la tâche d'établir la science nouvelle sur la solide base du procédé expérimental.

Sous la Restauration, on a publié un petit livre in-24, de 78 pages, sans nom d'auteur, avec ce titre : L'ART DE JUGER LES HOMMES PAR LEUR ÉCRITURE.

Ce livre apprend peu de chose. Et pour ceux qui, sur la foi du titre, espéraient s'instruire dans l'*Art de juger les hommes sur leur écriture*, la déception est complète.

Parmi ceux de nos contemporains qui se sont occupés de l'étude des caractères par l'écriture, je dois placer au premier rang M. l'abbé Flandrin, ancien aumônier de l'Ecole normale de Paris. Son nom va bientôt se retrouver sous ma plume. Je dirai seulement ici que M. Michon, dans l'introduction des *Mystères de l'Ecriture*, lui a rendu un éclatant hommage.

Le docteur Descuret, dans un livre fort remarquable, *la Médecine des Passions*, donne une étude de Silvio Pellico, faite d'après son écriture, par M. Flandrin. Les nouvelles découvertes de la science permettraient de faire cette étude avec plus de précision. Je vais la donner tout entière. C'est un document précieux pour l'*Histoire de la Graphologie*.

« J'hésite à me prononcer sur le sexe. Si c'est un « homme, il a l'exquise sensibilité de la femme ; si c'est « une femme, elle a l'énergie et la fermeté d'un homme. « *Puis, examinant avec plus d'attention, il ajoute* : « Je

(1) Je regrette d'avoir oublié le nom d'une dame irlandaise qui donnait, il y a quelques années, à Londres, des consultations sur les écritures. Avec le produit de ces consultations, elle a fait une fondation pieuse dans son pays. Je crois cependant qu'elle portait le nom de Mac-Donald.

A Ypres, en 1854, un savant belge, M. le comte Aloïs de Robiano, voyant une lettre, dit de l'homme qui l'avait écrite : « C'est un tracassier, un vaniteux, un faiseur d'embarras. » Et ce jugement était vrai. M. de Robiano n'a rien publié sur la graphologie.

« suis maintenant certain que c'est un homme qui a écrit « ces lignes. C'est un homme d'une noble et belle imagi- « nation, mais d'un cœur plus généreux et plus noble en- « core. La sensibilité est dominante chez lui, et l'exalta- « tion de son dévouement irait jusqu'au sacrifice de sa vie, « si l'occasion s'en présentait. Cette belle âme ne sait pas « haïr; elle est trop noble et trop fière pour se venger. « Aux ingratitudes, aux injustices de la vie, elle n'a ré- « pondu que par le pardon et l'amour. Cet homme a dû « être le plus tendre des fils, le plus dévoué des amis, le « plus généreux des citoyens. Il eut fait un vaillant capi- « taine ; plus brave toutefois que prudent. Si les circon- « stances dans lesquelles il a été placé lui ont permis de « développer ses facultés intellectuelles, il doit être un « grand poète, le poète de l'amour, des nobles affections « et de la grandeur d'âme. Il n'est pas possible qu'il ne soit « pas chrétien, s'il a pu connaître le christianisme. Son « défaut dominant c'est l'absence de l'esprit d'ordre et de « calcul. Il eut fait un triste négociant ; il n'était pas né « pour les affaires ; or cette disposition, quand elle es « portée à l'excès, peut constituer un véritable défaut « C'est le seul qu'une observation attentive puisse me per- « mettre de signaler dans ce beau caractère, qui peut bien « avoir eu les faiblesses de ses vertus, mais qui ne peu « avoir été l'esclave d'aucun vice. »

Après M. Flandrin, je citerai Mgr Boudinet, mort, il y a peu de temps, évêque d'Amiens. Il avait dirigé une maison d'éducation; et il lui arrivait souvent de demander à un élève de lui montrer ses cahiers. Celui-ci ne manquait pas de donner ses pages les plus correctement écrites. « Ce n'est pas cela, lui disait le directeur, c'est un brouillon qu'il me faut. » Et, après avoir examiné ce brouillon M. Boudinet était fixé sur la nature et le caractère de l'en fant. Avant l'abbé Flandrin, un jésuite fort distingué, le P. Martin, mort il y a quelques années, s'est beaucoup occup de la science de connaître les hommes par leur écriture. I avait une méthode. L'avait-il reçue? était-elle le résulta de ses études? Je l'ignore. Cette méthode n'a jamais ét publiée ; et tout ce que j'en sais, c'est qu'elle se basait su les tempéraments, tandis que celle de M. Michon se bas sur la psychologie. Un de nos amis, M. J..., a beaucou appris du P. Martin, et beaucoup appris par lui-même, e travaillant sur la même base. La méthode de M. Michon me paraît plus rationnelle que celle du P. Martin, qui donne un champ plus vaste aux conjectures, mais par cela même aux erreurs.

La science graphologique a donc été reconnue en principe par des hommes éminents. Des écrivains, des savants ont cherché, avec ardeur, à en déterminer les lois. Mais ni Lavater, ni Gœthe, ni Fourier, ni l'abbé Flandrin, ni le P. Martin n'ont laissé, après eux, le résultat de leurs investigations. Or la science n'existe légalement que lorsqu'elle s'est expliquée devant le public, qu'elle a donné des preuves de sa vérité, et qu'elle a appelé autour d'elle des disciples en leur disant : Voici une méthode rationnelle. M. Michon a fait cela ; et il peut revendiquer la gloire d'être le chef de l'école graphologique.

II. PREMIERS ESSAIS DE LA GRAPHOLOGIE SAVANTE.

J'espère que les notions que j'ai données sur ce que l'on pourrait appeler l'enfance de la science graphologique, ses agissements incertains, n'ont pas été sans intérêt pour mes lecteurs. L'histoire de son passage d'embryon à l'âge adulte et au moment où, comme le jeune romain qui revêtait, pour la première fois, la robe virile, disait : Je suis un homme, elle a pu dire : Je suis une science, ne sera pas moins intéressante.

Il y a de cela fort longtemps, — je ne suis pas obligée de préciser la date, — je vis arriver un jour M. Michon chez ma bonne et bien-aimée grand'mère. Il fut, comme toujours, charmant causeur, mais avec un degré d'animation de plus. Il nous raconta que le professeur de philosophie du collége qu'il dirigeait, M. l'abbé Flandrin, pouvait, sur l'inspection de l'écriture d'une personne dont il n'avait jamais entendu parler, connaître ses passions, ses aptitudes, ses qualités et ses défauts. Naturellement, nous nous récriâmes, et nous nous montrâmes d'une incrédulité parfaite. C'était la première fois que nous entendions dire une semblable chose ; et cela nous parut insensé. Mais M. Michon, avec son désir ardent d'étendre le cercle de ses connaissances, avait déjà fait des études avec l'abbé Flandrin. Dans un collége, outre les affreux griffonnages des élèves, il y a la correspondance qui donne des spécimens d'écriture très-variés. M. Flandrin analysait les écritures des correspondants, et enseignait à M. Michon les signes types, à l'aide desquels il reconnaissait certaines facultés intellectuelles et morales. Ces signes étaient assez restreints ; mais l'abbé Flandrin, esprit logicien et intuitif, en allant du connu à l'inconnu, arrivait à tirer des conséquences presque toujours rigoureuses.

Après le bonheur d'apprendre, M. Michon n'en a jamais connu de plus grand que celui d'enseigner ce qu'il a appris. Il voulait avoir raison de notre incrédulité ; et bon gré mal gré, — car je suis paresseuse, et je voyais là des difficultés insurmontables pour moi, — il me fallut prendre une leçon. Je me rassurai, en me rappelant qu'un an auparavant, M. Michon avait voulu m'apprendre l'algèbre, et que j'avais fait preuve d'une telle inintelligence, dès la première leçon, qu'il me dispensa des autres.

Je fus bientôt persuadée que cette science nouvelle aurait pour moi plus d'intérêt que l'algèbre. Mais la foi me manquait ; et je commençai par me moquer d'un système qu'on ne m'avait pas développé. C'était stupide ; mais c'est comme cela. M. Michon n'était pas homme à se déconcerter ni à se formaliser de mes railleries. Je voulus faire l'expérience de son savoir ; je lui montrai plusieurs écritures. Il me fit distinguer les signes types donnés par l'abbé Flandrin : la sensibilité, la despotivité, la liaison d'idées, la facilité, la timidité, l'imagination, l'esprit d'ordre, l'avarice, la générosité, la vanité prétentieuse, la petitesse dans les idées, la simplicité. Ces signes furent le point de départ de M. Michon, pour arriver à formuler la science. Il fallait découvrir les signes qui manquaient, les combiner ensemble, établir des groupes, des classifications, enfin faire, ce qui n'avait jamais été fait, une méthode scientifique basée sur l'expérimentation.

Mais à cette époque, M. Michon n'avait encore que des notions incomplètes.

Il se trompa donc souvent sur les écritures que je lui présentai. Par un de ces contrastes qui se trouvent dans l'âme humaine, j'ai le cœur très-confiant. Je crois à la franchise, à la loyauté, à l'affection, à toutes les balançoires que l'on me débite. Pour tout cela, je suis crédule jusqu'à l'absurde, et cependant j'ai l'esprit douteur et porté vers les conclusions absolues. Les erreurs commises par M. Michon suffisaient pour me rendre incrédule à l'endroit de la nouvelle science pour laquelle il se passionnait avec cette ardeur juvénile que le temps n'a pas, ce me semble, beaucoup modifiée. Cependant tout en me moquant de ses bévues graphologiques, je reconnaissais que, sur beaucoup de points, il était dans le vrai, et je me mis à faire des expériences. J'eus des succès. Ils auraient dû m'encourager. Mais j'aï *l'écriture descendante ;* c'est celle des craintifs, des défiants d'eux-mêmes, des découragés. Pour eux, dix succès ne balancent pas un échec ; et ils sont plus froissés par la critique d'un imbécile qui fait le connaisseur, que flattés du suffrage de vingt esprits sérieux.

Ce ne fut pourtant pas un échec qui me fit abandonner la graphologie, ce fut un trop grand succès.

J'étais allée voir une de mes parentes, Mme du H., pensionnaire libre dans le couvent où j'ai été élevée. Je trouvai chez elle trois ou quatre religieuses que j'aimais beaucoup, et un abbé très-aimable. On me donna des écritures à analyser : je reconnus mes signes types, ce qui est la chose la plus facile, mais l'art de les combiner, d'en tirer des résultantes, d'expliquer les uns par les autres, je n'en savais pas le premier mot, et M. Michon pas davantage. Une de ces écritures attira mon attention : j'y reconnus de la générosité, de la facilité, de la sensibilité. Jusque là, tout allait bien ; mais j'ajoutai que cette écriture dénonçait de la petitesse dans le caractère, et des idées étroites. L'abbé partit d'un éclat de rire bien franc et bien naturel. Hélas ! c'était son écriture. Et je ne m'étais pas trompée, c'était bien cela. Un esprit facile, un agréable conteur de ces petites anecdotes qui font le bonheur des religieuses et des pensionnaires, mais, pour des idées larges et élevées, non. C'était le terre-à-terre, la routine ; il était enserré dans le petit cercle des idées qu'il avait reçues ; et il se serait cru perdu, s'il en avait trouvé une qui lui fut propre.

Je dois dire à sa louange qu'il n'eût pas la *petitesse d'esprit* de paraître blessé de mes appréciations sur son écriture. Il en plaisanta même avec beaucoup de grâce. Quant aux religieuses, sauf l'une d'elle dont le regard malin m'avait déjà dit : C'est bien cela, elles ne rirent que du bout des lèvres. Elles prenaient l'abbé B. pour un génie. Ma science n'eut pas de succès ce jour-là.

Cette aventure me refroidit beaucoup; et, comme je n'avais que très-rarement l'occasion d'étudier avec M. Michon, la graphologie alla rejoindre l'algèbre.

Près de trente années s'étaient écoulées depuis que M. Michon m'avait enseigné ce qu'il avait appris de M. Flandrin. Les belles, mais sérieuses années de notre jeunesse étaient passées. L'existence de M. Michon avait été absorbée par ses travaux, par ses voyages; nous nous étions très-peu rencontrés, encore moins écrit. Mais ni le temps ni l'absence n'avaient altéré une sympathie fondée sur l'estime, sur des rapports de caractère et d'opinions religieuses. Vivant très-éloignée dans une campagne, sur la frontière du Limousin, je me livrai à des travaux qui m'attirèrent à Paris. J'y retrouvai M. Michon ; et il s'établit entre nous une bonne camaraderie littéraire que notre âge autorisait. Il faut bien que l'inconvénient de vieillir trouve quelques compensations.

L'écriture de M. Michon n'indique pas la raideur de caractère, la volonté impérieuse et forte, mais une très-grande tenacité dans l'idée. Quand il a conçu le plan d'une œuvre scientifique ou littéraire, il n'y renonce jamais ; et, tout en se livrant à d'autres travaux dans lesquels il semble concentrer toutes ses facultés et son ardeur incroyable, il ne perd pas de vue les projets conçus antérieurement. Ils arriveront à leur heure. Il ramasse ses documents, les entasse dans ses cartons, attend patiemment le moment favorable, et, quand ce moment arrive, il est prêt.

M. Michon, pendant plus de trente ans, ne reçut pas une lettre sans y chercher un enseignement ou la confirmation des anciennes découvertes. Il créait la science graphologique.

Une occasion se présenta de publier ces matériaux amassés avec tant de persévérance. M. Michon se hâta de la saisir.

Il rencontra M. Desbarrolles chez un de ses meilleurs amis, un savant dont le nom est européen, et qui est, à coup sûr, un des plus aimables causeurs de France. M. Desbarrolles, sachant que M. Michon était du département de la Charente, lui demanda s'il connaissait M. l'abbé D., supérieur du petit séminaire de R. — Parfaitement, répondit M. Michon, c'est un de mes amis. — Je veux aller le trouver, poursuivit M. Desbarrolles ; on m'a dit qu'il était très-habile dans l'art de connaître le caractère par l'écriture. — Cela peut être. C'est l'abbé Flandrin qui nous a mis l'un et l'autre sur la voie de cette étude si intéressante, dont je me suis toujours occupé depuis.

Et M. Michon, comme l'a raconté M. Desbarrolles, lui prouva, séance tenante, qu'il avait étudié sérieusement l'art de connaître le caractère par l'écriture.

III. M. DESBARROLLES A LA RECHERCHE D'UNE SCIENCE.

Si j'avais écrit cette brochure, il y a quelques mois, j'aurais raconté très-brièvement comment, à la suite de cette conversation, M. Desbarrolles devint le collaborateur de M. Michon. J'aurais tenu à ménager l'amour-propre de M. Desbarrolles ; et, la position étant acceptée, je me serais bien gardée d'apprendre à ceux de mes lecteurs qui peuvent l'ignorer, qu'en littérature, la collaboration est réelle ou fictive ; — elle est presque toujours plus fictive que réelle. — Mais enfin, dans une association, que l'un fasse tout et l'autre rien, peu importe, il doit toujours y avoir un échange d'égards mutuels ; s'il y a quelques discussions, il est inutile d'y initier le public. Mais si l'un des deux, — celui qui n'a rien fait, — emporté par une susceptibilité vaniteuse, en appelle à la publicité, et provoque des explications, il n'a pas le droit de se plaindre, si ces explications nettes et précises, appuyées sur des faits incontestables, font à sa malheureuse vanité une plaie profonde, là où elle n'avait encore reçu que de légères égratignures. M. Desbarrolles a voulu la guerre ; et, puisque cette guerre est un des incidents de l'histoire de la graphologie, il faut bien la raconter ici.

J'ai été témoin de toutes les péripéties de ce drame héroï-comique, et je sens en moi assez d'amour du juste et de vrai pour être sûre de mon impartialité. J'exposerai les faits, sans chercher à leur donner une tournure favorable à M. Michon. « Je suis amie de Platon, mais la vérité est encore plus mon amie. »

Je vais donc présenter à mes lecteurs M. Desbarrolles et leur apprendre comment il est devenu le collaborateur de M. Michon.

Dans leur première entrevue, M. Desbarrolles raconta à M. Michon qu'il se proposait de publier un livre intitulé : les *Mystères de l'Ecriture.* Il l'avait annoncé dans son almanach de la main de 1868. Cet almanach avait donc été composé en 1867, et il avait paru un mois au moins avant le 1er janvier 1868.

Or, lorsque M. Desbarrolles rencontra M. Michon chez M. de S., on était à la fin de 1868, au mois de décembre, et le livre annoncé n'était pas sous presse ; il n'était même pas encore sorti du cerveau de l'auteur.

M. Desbarrolles se trouvait dans le cas de l'homme qui a vendu la peau de l'ours avant de l'avoir tué. Il avait eu l'idée de faire un livre de science, et il avait annoncé ce livre, comme le chasseur avait eu l'idée de tuer l'ours et d'en vendre la peau. Qu'attendait le chasseur pour livrer cette peau ? Une toute petite chose : de rencontrer un ours et de le tuer. Qu'attendait M. Desbarrolles pour donner ce livre promis au public ? Une toute petite chose : la science qu'il cherchait depuis dix ans, et à laquelle il pensait depuis vingt ans. (Avant-propos des *Mystères de l'Ecriture*, p. 1.)

L'odyssée de M. Desbarrolles, à la recherche de son ours, — je veux dire de la science de connaître les hommes par leur écriture — est assez curieuse. Il en a raconté les péripéties dans son avant-propos des *Mystères de l'Ecriture.* Je m'appuierai, dans mon récit, sur des documents fournis par le héros lui-même.

« J'avais, dit M. Desbarrolles, circonscrit, d'après les lois « de l'ecclectisme, la Chiromancie, la Chirognomonie, la « Phrénologie, le système de Lavater *perfectionné par les « traditions astrales*, dans un seul système ; il me manquait « l'expression la plus directe, *la plus rapide* des émotions « de l'âme tamisées par le cerveau (Avant-propos, p. 1 et « 2). » Ceci est un peu confus ; mais je cite textuellement.

Cette manifestation était celle de l'âme par l'écriture. Voici la science cherchée par M. Desbarrolles. Il convient qu'elle ne lui est pas arrivée « par une révélation subite, par hasard. »

Le fait est que les sciences n'ont point pour habitude d'arriver ainsi, à moins qu'il n'y ait miracle. Les Apôtres, en recevant le Saint-Esprit, reçurent la science théologique et le don des langues ; mais, bien que M. Desbarrolles parle plusieurs langues, je ne pense point qu'il ait reçu le Saint-Esprit.

Cependant, ne croyez pas que le miracle et M. Desbarrolles ne se soient jamais rencontrés. Nous allons voir le contraire.

Dans ses études, M. Desbarrolles avait pris la bonne voie. Il collectionnait « des lettres d'artiste, de commerçants, « de grands auteurs, de grands génies, et aussi de grands « imbéciles. » Il comparaît. « J'apercevais des lueurs, il « m'arrivait des révélations, des convictions intimes, mais « rien d'assez positif. Tout autre se serait contenté de cela, « et aurait passé outre ; mais cela m'est impossible avec « mes doigts carrés. » (*Avant-propos*, p. 2.)

Comment ne s'est-il pas découragé de ces recherches qui ne lui donnaient rien d'assez positif ? Nous voici au miracle. Il arrive au célèbre chiromancien ce qui n'arrive pas au vulgaire des mortels. Il se passe en lui des choses étranges. « Un violent désir développe en lui une force attractive. » Cela a pu être dangereux jadis !! — Et, en raison de cela, quand il cherche « violemment » une idée, « les occasions « viennent le trouver, et souvent de la manière la plus inat- « tendue. » (*Avant-propos*, p. 4.)

Et il donne un exemple « entre tous. »

Une dame vient lui demander une consultation. M. Desbarrolles voit dans la main des gens, ni plus ni moins que les diseurs de bonne aventure, le passé, le présent et l'avenir ; il trouve, dans celle de sa cliente, un signe qui indique dans le passé, à une époque qu'il désigne, un malheur, une catastrophe. — C'est vrai, mais quelle est cette catastrophe ? M. Desbarrolles est obligé de convenir que le signe de la catastrophe ne lui en indique point la nature. — La dame répond : A cette époque de ma vie, mon mari est mort fou.

M. Desbarrolles observe bien le signe, sa position, la planète, etc., etc. ; mais une observation isolée ne peut suffire, il faudrait retrouver ce signe.

C'est un signe merveilleux, on en conviendra, celui qui indique, dans la main d'une femme, la maladie de son mari, seulement c'est difficile à croire.

M. Desbarrolles retrouvera-t-il ce signe ? Oui. Le *violent désir* et la *force attractive* font leur effet, et le miracle s'opère. Pendant près de deux mois, M. Desbarrolles ne voit presque plus que des femmes dont les maris avaient perdu la raison, et étaient morts pour la plupart. Quand il fut bien sûr de son signe, le prodige cessa. Il n'avait plus sa raison d'être. Voilà ce que raconte M. Desbarrolles (p. 4 et 5 de l'*Avant-propos*), et il ajoute : « Et ainsi de même dans une foule d'occasions de ce genre. » Inclinons-nous devant ce mortel privilégié : si ce n'est pas là du miracle, je ne m'y connais pas.

M. Desbarrolles ayant donc éprouvé « dans une foule d'occasions » la puissance de sa force attractive, se posa un dilemme en sens inverse de celui de Mahomet. Si la montagne ne veut pas venir me trouver, disait le prophète, j'irai trouver la montagne. M. Desbarrolles se dit : Si je ne puis pas trouver la science, la science viendra me trouver. Et le plus beau c'est que sa confiance en sa « force attractive, » bien qu'elle dût commencer à décliner, lui a donné raison. Il n'a pas trouvé la science, mais la science est venue le trouver.

Je vous assure que M. Desbarrolles est un miraculé ; et, dans notre siècle d'incrédulité, un spécimen de ce genre est précieux à observer.

M. Desbarrolles va à Leipzig. Là « il apprend qu'un allemand publiait dans un journal connu (l'*Illustrirte zeitung*), gazette illustrée, des consultations sur l'écriture « des gens. On lui écrivait quelques lignes, quelques mots « parfois, et il publiait des réponses indiquant le caractère « et les aptitudes des personnes. Il avait formé, de toutes « ces consultations et autres observations encore, un gros « livre qu'il avait intitulé la *Chirogrammatomancie*. »

Il alla voir « cet inventeur, » et commença, — ce qui n'était pas adroit, — par lui donner des preuves de ses capacités en divination. Henze, c'est le nom du chirogrammatomancien, eut d'abord un sourire d'incrédulité ; puis stupéfait par les révélations de M. Desbarrolles, il lui demanda d'écrire sa signature ; et, après l'avoir regardée, il s'écria : « Tout s'explique : j'aurais dû commencer par là. » M. Desbarrolles supposa, tout naturellement, que l'impression était des plus favorables, et, pour remercier Henze, il « passa en revue toute sa famille, en indiquant chez ses « enfants, les goûts, les aptitudes, les professions à choisir.

« Le devin convaincu me remercia avec effusion ; mais son « enthousiasme n'alla pas plus loin que le seuil de sa porte, « et il me fut *peu utile.* » (*Avant-propos*, p. 7.)

Cette fois, la force attractive fit défaut : Henze ne livra pas ses secrets.

Les historiens ne s'accordent pas toujours entre eux, et cela peut s'expliquer. Mais que, sur un fait qui lui est personnel, et que personne ne pense à discuter, M. Desbarrolles ait deux versions contradictoires, c'est au moins étrange.

Or, dans les premières épreuves de l'*Avant-propos*, M. Desbarrolles dit : « Le devin convaincu, enthousiasmé « même, me prôna par toute la ville, et me fut *très-utile.* »

Quelle est la véritable version? Si M. Desbarrolles écrit ainsi sa propre histoire, quelle confiance peut-il inspirer, quand il parle de faits qu'il a intérêt à contester?

Dans une autre relation de cette visite, il raconte qu'après avoir convaincu et fasciné Henze par ses expériences, celui-ci lui donna le conseil d'acheter son livre. (*Mystères de la main*, 11e édit., p. 4.)

Il faut convenir qu'après avoir enthousiasmé l'illustre Henze, n'en recevoir que le conseil d'acheter son livre, c'était bien mesquin. Entre savants, on se fait hommage de ses œuvres.

Un peu désappointé, je pense, M. Desbarrolles acheta le livre. Il espérait y trouver la science qu'il cherchait depuis si longtemps. Hélas! la *Chirogrammatomancie* renfermait plus de mille exemples et quelques préceptes utiles; mais, d'une méthode, des règles de l'art, il n'en était point question.

« Son œuvre, dit M. Desbarrolles, est trop incomplète « pour un chercheur. Il répond à une chose qui semble « être l'aptitude principale de la personne qui le consulte; « mais *sa science ne semble pas aller plus loin.* Son livre « *n'est autre chose* que la collection des réponses faites « dans un journal.... Chez nous, elles ne seraient pas sé- « rieuses. Je ne veux pas dire toutefois que l'auteur alle- « mand m'ait été complétement inutile... Le bagage est « léger, mais il s'y trouve parfois d'intelligentes remar- « ques. » (*Avant-propos*, p. 14 et 15.)

Voici quelques spécimens des réponses de Henze sur les écritures qu'on lui soumet :

A une femme susceptible :
« *Noli me tangere*. Ne me touchez pas. »
A une personue qu'il juge être vive :
« Un lièvre ne se noie pas dans les marais. »
A une personne inconstante :
« Une plante souvent déplantée et qui pour cela ne réus-
« sit pas. » (*Avant-propos*, p. 12.)

Je tiens bien à faire connaître, et l'on verra, par la suite de mon récit que cela est nécessaire, les jugements portés sur Henze par M. Desbarrolles. Voici le bilan qu'il a établi lui-même de la science de l'auteur allemand :

Et n'oublions pas qu'il le connaît parfaitement, puisqu'il l'a traduit.

« Il se contente de donner l'aptitude principale. Chez lui,
« il est *impossible de découvrir une méthode* ; il donne des
« applications, jamais la règle. »

(1870. Journal de M. Desbarrolles, la *Chiromancie illustrée*.)

« Il ne m'avait inspiré qu'une demi-confiance parce qu'il
« n'établit pas *une seule fois une méthode*. Ne veut-il pas,
« ne peut-il pas en indiquer une ? (Avant-propos des *Mys-
« tères de l'Ecriture*, fait et signé par M. Desbarrolles,
« p. 11.) »

« Il cite sans comprendre, » (*Avant-propos*, p. 65.)
« Il ne prouve rien. » (*Avant-propos*, p. 49).
« Il est par trop fantaisiste, paradoxal. » (*Id.*)

D'après les assertions de cet *Avant-propos*, on peut conclure sans témérité que M. Desbarrolles n'avait pas trouvé, dans le livre de Henze, la science, la méthode qu'il cherchait.

Malgré cela, il annonça, en 1868, dans son *Almanach de la main*, un livre avec ce titre : les *Mystères de l'Ecriture* C'était téméraire ; mais quand on est doué de la force attractive, les témérités réussissent.

Laissons parler M. Desbarrolles :

« Je me disposais à publier le livre déjà annoncé depui
« plusieurs années (depuis un an seulement), lorsqu'u
« beau jour, chez un de nos plus intelligents académiciens
« je fis la rencontre d'un savant, d'un nom connu, qui s'oc
« cupait, comme moi, de l'étude des caractères par l'écri

« ture, et qui m'en donna à l'instant des preuves. C'était
« un élève de l'abbé Flandrin qui lui avait transmis tout un
« système, avec des règles, des signes, des données posi-
« tives.

« Une *véritable science*, en un mot.

« *C'était là ce que demandait le positivisme de mon es-*
« *prit.*

« J'eus bientôt fait connaissance avec l'érudit grapholo-
« giste, et je l'engageai à concourir à mon œuvre, en ap-
« portant toute sa *grammaire* à la perfection de la science
« que je me proposais de publier. » (*Avant-propos*, p. 8.)

« Je venais de rencontrer justement ce que je cherchais.
« Je me mis aussitôt *sérieusement à l'œuvre*. Car, *jusque-*
« *là*, le graphologiste allemand ne m'avait inspiré qu'une
« demi-confiance, parce qu'il n'établit pas, *une seule fois,*
« *une méthode.* » (*Id.*, p. XI.)

M. Desbarrolles avait donc annoncé son livre, sans avoir trouvé *ce que demandait le positivisme de son esprit*, et il ne s'était pas encore mis *sérieusement à l'œuvre*. Il attendait que le *violent désir* et la *force attractive* fissent leur effet, et que la science, qu'il ne trouvait pas, vînt le trouver. La science lui fut apportée par le savant rencontré chez l'illustre académicien.

Ce savant, c'était M. Michon.

IV. LE SYSTÈME DE M. MICHON.

M. Michon offrit à M. Desbarrolles de lui enseigner non-seulement ce qu'il avait appris de M. Flandrin, mais encore de lui faire part de ses découvertes personnelles dans une science qu'il étudiait depuis plus de trente ans.

On prit jour pour commencer cette étude. Ce fut dans mon salon qu'elle eut lieu, pendant près de quatre mois.

L'appartement de M. Michon est tellement encombré de livres, de papiers, de cartons, de moulages pris en Palestine, d'herbiers et d'échantillons minéralogiques ramassés un peu partout, qu'il serait difficile à deux personnes d'y avoir leurs coudées franches.

Je n'avais jamais vu M. Desbarrolles. Il avait alors 68

ans, et il me parut beaucoup plus jeune. Du reste, ceux de mes lecteurs qui ont acheté soit les *Mystères de l'Ecriture*. soit les *Mystères de la Main*, n'ont qu'à regarder sur la couverture du livre la petite figure qui semble conter des histoires à une belle dame, ils connaîtront M. Desbarrolles. C'est on ne peut plus ressemblant. Il est là avec toutes les grâces et toute la distinction de sa pose.

M. Desbarrolles ne manque pas d'esprit. Il a passé sa vie avec des artistes et des hommes de lettres. Tous ont un peu déteint sur sur lui, ce qui lui a créé une certaine originalité qui peut faire illusion, quand on le voit en passant.

Dès cette première entrevue, les conditions d'une collaboration furent posées. M. Desbarrolles avait annoncé un livre sur une science qu'il ne possédait pas encore; M. Michon n'avait rien annoncé, mais tous ses documents étaient prêts : il n'y avait plus qu'à les mettre en ordre. Et M. Michon avait toujours reculé devant les frais d'une telle publication. M. Desbarrolles s'empressa de dire qu'il s'en chargerait.

On convint que M. Desbarrolles viendrait, deux ou trois fois la semaine, apprendre l'art de connaître le caractère par l'écriture.

M. Michon eût une idée assez ingénieuse. Il prit, dans ses nombreuses collections d'autographes, quelques lignes quelques mots où se trouvaient les signes types des passions et des facultés de l'âme à leurs différents degrés. Il colla tout cela sur de petits carrés longs de papier très-fort.

Il me semble encore les voir, ces carrés de papier destinés à initier M. Desbarrolles à la science graphologique. Il étaient disposés dans de grands cartons plats.

M. Michon avait pratiqué là des cases pour ses classifications. Mais, hélas! il arrivait souvent qu'une fenêtr ouverte mal à-propos laissait entrer un courant d'air qu sans respect pour la science, enlevait les petits papiers e les dispersait dans tous les coins du salon, en faisant u horrible mélange des indifférents et des passionnés, de simples et des prétentieux, du génie et de la sottise.

Ma fidèle Aline ramassait tout cela pêle-mêle; et M. Mi chon remettait le tout en place avec la patience habituel aux collectionneurs.

M. Desbarrolles me paraissait enthousiasmé de la m

thode et des démonstrations de son professeur. Evidemment c'était pour lui toute une révélation. Ses ébahissements le disaient du reste ; et j'ai, sous la main, dix-huit lettres de lui écrites en 1869 et 1870 à M. Michon, qui commencent toutes ainsi : « *Cher Maître.* »

V. TRAITÉ DE 1869 POUR LA PUBLICATION DU LIVRE.

M. Desbarrolles apportait toujours avec lui des lettres de personnes qu'il connaissait parfaitement, et sur lesquelles il pouvait faire l'application des règles et des principes du « cher maître. » Il ne manquait pas non plus d'apporter la *Chirogrammatomancie* de Henze. Nous savons déjà, d'après l'*Avant-propos* de M. Desbarrolles, que Henze n'avait point de méthode; son livre n'est que la collection des réponses qu'il fait sur les écritures. M. Michon ne sachant pas l'allemand, M. Desbarrolles lui en traduisait quelques passages ; et ils examinaient ensemble les signatures et les écritures sur lesquelles Henze avait donné ses diagnostiques, ou plutôt indiqué un des traits principaux du caractère de la personne qui le consultait. Mais, comme cette étude ne pouvait donner qu'un résultat : celui de faire constater par M. Michon si Henze avait rencontré juste (1), M. Michon trouvait là peu d'intérêt. — « Cela ne nous apprend rien, disait-il, absolument rien. » Et on laissait Henze pour revenir à expliquer des écritures d'après les principes de M. Michon. M. Desbarrolles, je dois le dire, ne marchandait pas les éloges à son professeur. Puis, on refaisait à deux la fable du Pot au lait de Perrette. Le pot au lait, c'était le livre. M. Desbarrolles, avec sa réputation qu'il surfaisait beaucoup, et ses relations dans le monde des gens de lettres et des journalistes, était sûr d'arriver à obtenir une publicité inouïe, et par conséquent un succès colossal.

Les réunions avaient lieu le matin, et Mlle Desbarrolles

(1) C'était bien là le but de M. Desbarrolles ; car au début de ses relations avec M. Michon, il lui écrivait : « Je vous apporterai le livre de Henze; vous serez à même de contrôler son savoir. »

accompagnait quelquefois son père. Celui-ci désira qu'elle fut initiée à la science graphologique; et, dans une lettre du 1er avril 1869, il demande au « cher savant » de faire les études plutôt le soir que le matin, « parce que je désire que « ma fille devienne une adepte dans une science si intéres-« sante. »

Je prie qu'on veuille bien remarquer cette phrase. Dans une des nombreuses versions de M. Desbarrolles sur ses relations avec M. Michon, il affirme, en dépit des aveux de son *Avant-propos*, que M. Michon ne lui a apporté ni science ni méthode, et que le livre des *Mystères de l'Ecriture*, n'est autre chose que la méthode du livre de Henze traduit par lui. Alors, pourquoi tenait-il à amener sa fille chez moi, *afin qu'elle devint une adepte d'une science si intéressante*? S'il a donné la science et la méthode de Henze à M. Michon, il n'avait pas besoin de lui pour faire de sa fille une adepte et pour lui donner la science.

Mlle Desbarrolles est une charmante et gracieuse personne. M. Michon trouvait qu'elle saisissait, beaucoup mieux que son père, les démonstrations graphologiques.

La collaboration était en pleine lune de miel. M. Michon travaillait avec ardeur à classer les nombreux matériaux qui lui étaient nécessaires pour écrire le livre. On était à la fin d'avril 1869; et il désirait partir au mois de mai pour la campagne.

Le traité n'était pas encore passé; et, plus positive que M. Michon, je lui rappelais tous les jours la nécessité de se mettre en règle. Les faits étaient convenus, mais cela ne suffisait pas.

M. Michon écrivit dans ce sens à M. Desbarrolles, et le 21 avril 1869, celui-ci lui répondit par une lettre où, pour la première fois, il dévoilait sa personnalité et sa susceptibilité vaniteuse.

Depuis quatre mois, il étudiait la méthode de M. Michon, et il se figurait l'avoir très-bien comprise. Le fait est qu'avec une intelligence ordinaire, on peut la saisir en beaucoup moins de temps (1).

(1) En admettant que M. Desbarrolles ne soit venu qu'une fois par semaine, et il est venu davantage, cela fait 16 *leçons* On peut connaître tout le système graphologique en bien moins de temps. Reste à l'appliquer.

Le chiromancien commença alors à jouer le rôle de la lice entrée dans la loge d'un brave et honnête chien pour y faire ses petits. Quand il réclame sa maison, la lice se dit chez elle et montre ses dents.

M. Desbarrolles, dans sa lettre, commençait à montrer les siennes. Je dois dire que ni M. Michon, ni moi, ce qui ne fait pas honneur à notre judiciaire, ne nous avisâmes de voir là ni dents ni griffes, mais seulement l'inquiétude d'un petit esprit qui redoute de se voir relégué au second plan.

« Cher maître, je reçois votre sérieuse et aimable lettre, « et j'y réponds à l'instant.

« Je vois avec plaisir que votre classification est faite, et « que nous aurons des bases solides que nous pourrons uti- « liser. Il n'y a qu'un point sur lequel nous ne paraissons « pas d'accord.

« La rédaction de la partie littéraire.

« Je peux volontiers la partager; à chacun sa part, comme « font tous les collaborateurs ; mais il est impossible, même « pour le succès de l'œuvre, que mon cachet, auquel mon « public me reconnaît, ne *soit imposé* partout.

« Il faut que le lecteur reconnaisse l'artiste des *Mystères « de la main*, du *Voyage en Espagne*..... du *Voyage en « Suisse*, et enfin des *Mystères de la main*, 9e édition !!!!!

« J'ai ma clientèle qui me suit, qui aime mon style, qui y « est habituée, et à laquelle je fais avaler allègrement la « science, en la *pralinant* dans un style artistique et sou- « vent en apparence naïf et à l'aise. C'est en ne se posant « pas en savant qu'on fait aimer la science. *Moi seul* je « puis donner un élan à la science.

. . . .

« Il n'y a pas de mal que chacun fasse sa classification. « Car j'ai la mienne, (c'était la première fois que M. Des- « barrolles parlait de cette classification) où j'introduirai « *peut-être les planètes*, si je suis satisfait du public de « mon journal, et je crois pouvoir ajouter aux *Mystères « de l'Écriture* des horizons sans bornes et dont vous ne « pouvez avoir idée, mais qui font la base de mes divina- « tions.

« Je sais bien qu'il y a des gens qui s'arrangeraient de ne « rien faire, et mangeraient sans souci au repas qu'ils n'au-

« raient pas préparé ; mais je ne suis pas de ces gens-là.
« Je suis un *novateur*.

« ..... Mon idée depuis longtemps était d'établir avec « vous une collaboration en règle, à l'aide d'un traité, et je « voulais vous en parler justement hier.

« Ainsi, *cher maître*, nous aurons à causer, comme vous « voyez. Il faudra nous découper à chacun notre œuvre. Il « n'y a pas de mal qu'il y ait une partie philosophique et « une partie artistique, capricieuse, poétique, si vous vou- « lez. Partout, dans la nature, ce sont les contrastes qui « donnent le plaisir et assurent le succès. »

Cette lettre aurait dû donner à penser à M. Michon ; et, en la lisant, on devait prévoir quelles difficultés une collaboration avec M. Desbarrolles pouvait susciter par la suite. Malheureusement nous ne nous arrêtâmes qu'au côté burlesque de cette singulière épître ; elle eut auprès de nous un succès de fou rire. M. Desbarrolles imposant partout son cachet et *pralinant* la science de M. Michon dans son style artistique, c'était à en mourir d'un accès d'hilarité ; car, enfin, on n'a pas été, pendant près de quatre mois, dans des rapports d'intimité avec un individu, sans en avoir pesé la valeur intellectuelle. Et son écriture ! et cet *M* majuscule, qui indique la personnalité, indique bien autre chose ! Vraiment M. Michon ne pouvait pas laisser *praliner* la graphologie par M. Desbarrolles.

Il eût été sage de lui écrire : Mon cher monsieur, nous ne nous entendons pas sur la manière dont se fait un livre de science. Faites celui que vous avez annoncé; moi, je ferai le mien plus tard. Vous connaissez maintenant ma méthode ; pralinez cela comme vous l'entendrez.

M. Desbarrolles eut, à coup sûr, été fort embarrassé.

Je ne sais pas ce que M. Michon lui répondit, mais il ne s'en tira pas trop mal ; car le 23 avril, juste le temps d'échanger la demande et la réponse, M. Desbarrolles lui écrivait, en lui envoyant un traité signé par lui.

« J'envoie cette lettre sans enveloppe, parce que le *timbre* « *de la poste*, qui équivaut à un *timbre impérial*, se trouve « de cette façon naturellement placé sur notre traité.

Dans ce traité, il est dit : « Que le livre des *Mystères de* « *l'Ecriture* sera fait en collaboration. »

« M. Michon traitera spécialement la partie théorique, et « à sa volonté la partie littéraire ; M. Desbarrolles écrira

« le livre pour le *reste*, et se chargera de l'agencement « général. »

Il est évident que M. Michon ne voulait ni ne pouvait séparer la partie théorique de son livre de la partie littéraire ; cela supprimait le pralinage et les planètes.

Pour la publication du livre, le traité admettait deux combinaisons. On pouvait le vendre à un éditeur, ou M. Desbarrolles ferait les frais de la publication.

Dans ce cas, « ces frais, dit le traité soumis au contrôle e de M. Michon, seraient payés et remboursés par les pre« miers bénéfices. Mais, en cas de *non succès*, M. Michon « n'aurait *aucune responsabilité à subir. En un mot,* « *M. Michon ne partagerait que les bénéfices.* »

« Fait en double et de bonne foi. AD. DESBARROLLES. »

J'ai souligné les dernières lignes avec intention. Ce traité me donne occasion de relever, — il faut bien dire les choses par leur nom, —trois mensonges de M. Desbarrolles. Il y en a bien d'autres.

1er mensonge. Dans la première missive qu'il a fallu insérer dans la *Graphologie* du 15 août 1873, page 125, première colonne, M. Desbarrolles affirme qu'au 31 mars 1870 « il n'était pas question de collaboration le moins du « monde. » Et je viens de donner un extrait du traité du 23 avril 1869.

2e mensonge. Dans la même missive, p. 126, deuxième colonne, M. Desbarrolles affirme qu'il fut d'abord convenu que le livre serait fait à frais communs et qu'au moment de l'impression, M. Michon lui *avoua* qu'il ne pouvait partager les frais, et qu'alors il s'en chargea. Et nous venons de voir dans le traité du 23 avril 1869, que le livre, s'il ne se vend pas à un éditeur, sera publié aux frais de M. Desbarrolles, que M. Michon n'aura aucune responsabilité en cas de perte et qu'il ne partagera que dans les bénéfices. Quand ce traité fut signé, M. Michon n'avait pas encore écrit le livre ; mais si les conventions étaient bien arrêtées en 1869, il n'avait pas à *avouer* à M. Desbarrolles, en 1870, au moment de mettre son manuscrit à l'impression, qu'il ne pouvait pas faire la moitié des frais (1). L'avantage de publier sa

(1) Ce fut, au contraire, M. Desbarrolles qui, au mois d'avril 1870, « craignant de n'avoir pas *les reins assez forts* pour faire les frais du livre, » l'*avouait à* M. Michon.

méthode sans courir de risques était le seul que M. Michon pût avoir, en donnant à M. Desbarrolles le titre de collaborateur. Ce titre n'était, par le fait, autre chose qu'un euphémisme de langage pour ne pas dire éditeur.

3e mensonge. Dans le traité de 1869 et dans celui de 1870 il est établi que le nom de M. Michon ne paraîtra pas sur le titre du livre.

Mais le traité défendait-il à M. Michon de mettre son nom comme l'a prétendu M. Desbarrolles, ou M. Michon refusait-il de le mettre?

Voilà la question.

M. Desbarrolles va y répondre lui-même dans son Avant-propos des *Mystères de l'Ecriture*, p. 8. Il nous dit que l'érudit graphologiste qui lui avait donné un système, des règles, des signes, des données positives, une véritable science, qui lui apportait *toute sa grammaire*, ne voulait pas être nommé ; c'était une « condition expresse. »

« Il fallait bien en passer par là. »

Mais je connais les retours du célèbre chiromancien ; pourrait répondre qu'il a écrit cela pour le public, et persister à soutenir que les traités défendaient à M. Michon de mettre son nom. Eh bien ! cela n'est pas. C'est bien M. Michon qui a posé cette condition et qui l'a maintenue, malgré les instances réitérées de M. Desbarrolles, non-seulement en conversation mais encore par lettres. J'en ai huit ou d[ix] écrites en 1869, 70, 71.

Je n'en citerai que quelques extraits.

« Je vous engage à mettre votre nom. Hippolyte fera
« très-mal ; Michon serait pour le mieux. »

« J'ai su me faire une renommée, vous êtes aussi par-
« faitement connu ; seulement nous perdons forcément [le]
« bénéfice de votre réputation par votre silence. »

« Vous ne vouliez apparaître en rien ; c'était même u[ne]
« condition. J'ai voulu que vous fussiez nommé Hippol[yte]
« ou Michon. »

Enfin, M. Desbarrolles m'écrivait à la fin d'août 1871 :

« J'ai tout fait pour engager M. Michon à signer autre-
« ment que par son nom de baptême. »

Je pense que cela suffit pour prouver que les traités n'o[nt] pas défendu à M. Michon de mettre son nom au livre d[es] *Mystères de l'Ecriture*.

VI. COMPOSITION DES *Mystères de l'Ecriture.*

M. Michon quitta Paris à la fin de mai ou au commencement de juin 1869. Il se rendit à Montausier, et commença à écrire son livre. Il fut convenu que M. Desbarrolles ferait l'*Avant-propos* et qu'il le signerait.

M. Michon emporta avec lui tous ses matériaux, mais j'affirme qu'il n'emporta pas une page, pas une ligne de cette fameuse traduction du livre de Henze, que M. Desbarrolles, dans une de ses versions, car il en a trois, prétend avoir servi de base au livre. M. Desbarrolles n'a jamais confié à M. Michon, ce précieux manuscrit qui ne leur avait rien appris. Cela est si vrai que M. Desbarrolles, après avoir traduit en entier, du moins il le dit, le livre de Henze en 1869, n'y a compris quelque chose que deux ans et demi après. En effet, au mois de décembre 1871, il écrivait à M. Michon : « L'auteur allemand que vous traitez de mal « habile, n'est pas mal habile du tout. C'est un homme qui « a deviné bien des choses *sans pouvoir* ou *vouloir* les « expliquer clairement. On s'en aperçoit en relisant son « volume, avec la *connaissance de la vraie science*, comme « je l'ai fait *ces jours derniers.* »

Où M. Desbarrolles avait-il pris la *vraie science* qui lui fit comprendre quelque chose, en 1871, à un livre qu'il prétend avoir fini de traduire en 1869?

Trois mois et demi après son départ de Paris, à la fin de septembre, M. Michon prévenait M. Desbarrolles qu'il expédiait le manuscrit du livre, rue Chanaleilles, 5.

M. Desbarrolles ne revint à Paris qu'au mois d'octobre 1869, et, le 14, il écrit qu'il est allé prendre le manuscrit.

Quand M. Michon revint à Paris, aux premiers jours de cette fatale année 1870, M. Desbarrolles n'avait pas encore terminé son *Avant-propos*. Il n'avait même pas achevé de lire le manuscrit. M. Michon s'impatientait fort de ces lenteurs qu'il ne pouvait s'expliquer.

Le 21 février, quatre mois après avoir reçu le manuscrit, M. Desbarrolles écrit à M. Michon :

« Tous mes moments de liberté sont consacrés à la lec-

« ture étudiée de votre copie (1) : c'est très-bien fait, très-
« bien écrit, très-logique, mais n'est-ce pas trop long ? Je
« n'en ai pas encore dégusté plus de 300 pages, et j'avoue
« que jusqu'à présent, je ne trouve plus rien à retrancher.
« Et ma part n'est pas faite ! »

Ainsi M. Michon, dans moins de quatre mois, avait écrit la valeur d'un gros volume, et M. Desbarrolles n'avait pas terminé son *Avant-propos. Ma part n'est pas faite* ! Il est vrai que le fameux chiromancien, qui ne peut rien écrire, même sur des faits qui lui sont personnels, sans tomber dans les plus singulières contradictions, affirme dans la même lettre, que sa *part est toute prête*, et qu'il s'en occupera après avoir lu avec dégustement *l'intéressant et splendide travail.* Et il ajoute : « *Pour faire plus sûrement mes* « *études, en m'appuyant sur vos solides bases* (2). »

Voilà une phrase significative. Elle nous prouve que M. Desbarrolles a ses heures de modestie. Ebloui par le « splendide travail » le disciple comprend qu'il a besoin de « l'étudier et de s'appuyer sur les *solides bases* du maître, avant de terminer son œuvre personnelle, et il l'avoue avec une sincérité naïve et charmante.

Deux mois après, M. Desbarrolles répond à M. Michon qui lui demandait si la copie n'était pas enfin chez l'imprimeur.

« Celui qui dira que vous n'êtes pas un homme actif, di-
« rait un fameux mensonge. Vous êtes un chemin de fer de
« l'Inde. Je voulais, avant de faire imprimer, terminer la
« partie qui me regarde. »

Elle n'était pas terminée au mois de décembre 1871.

A cette époque, M. Desbarrolles envoyait à M. Michon des lettres de différentes personnes de sa connaissance, artistes, littérateurs, savants, qu'il voulait disposer en faveur de la science nouvelle, et il le priait de les analyser.

« Cher maître, lui écrit-il, le 16 avril, en lui envoyant
« une écriture, hier au soir, succès d'écriture épatant

(1) En langage d'imprimerie, on appelle *copie* le manuscrit que l'auteur envoie pour être imprimé.

(2) Comment comprendre, après un aveu si formel, que M. Desbarrolles ait osé dire que son *Avant-propos* avait servi de base au travail de M. Michon ?

« quant aux deux *pronostiques* (1). Dépeignez-moi ce caractère comme il faut. La consultation d'hier au soir était un chef-d'œuvre. Faites-nous quelque chose de pareil et de très-détaillé. » 17 avril. « Cher ami, vous êtes un homme très-fort, c'est splendidement apprécié. »

Autre lettre même époque. « M. G. sera épaté : c'est juste de point en point. Moi qui le connais, j'en suis ravi. »

M. Desbarrolles qui, au commencement d'avril, était très-effrayé des frais de publication du livre, avait, en présence des *succès épatants*, comme il le disait, des appréciations graphologiques de son collègue, repris toute sa confiance.

Le 1er mai, il envoie à M. Michon deux autographes, l'un de M. S..., homme de lettres fort distingué, l'autre de M. Alexandre Dumas fils. Toujours le même succès. M. Alexandre Dumas trouve que c'est « merveilleux. »

Le 10 mai 1870, on fait un second traité. On avait décidé de faire des consultations. Je reviendrai plus loin là-dessus.

Mais, dans une lettre du 14 mai 1870, je vois déjà poindre un nuage à l'horizon. M. Michon rencontrait chez M. Alexandre Dumas, un certain docteur qui est, je ne sais pourquoi, la bête noire de M. Desbarrolles. Il prétend que le susdit docteur l'a pillé. — Hum ! c'est difficile ! — Il supplie M. Michon. « Pas un mot de graphologie au docteur, que vous trouvez si aimable ; si vous vous découvrez le moins du monde, il sera encore le professeur de Dumas, et nous serons coulés : car il prendra l'avance. Il y va de notre avenir à tous. Je vous engage à lui parler de tout, *excepté de la science.* Pas un seul mot à ce sujet ; ceci bien recommandé et convenu. »

M. Michon s'amusa beaucoup des terreurs de M. Desbarrolles, et il continua à parler de la science devant ce terrible docteur qu'il trouvait de plus en plus aimable.

Le 16 mai autre lettre : « Soyez toujours muet sur les écritures. »

Muet sur les écritures ! M. Desbarrolles qui devine tout, n'avait donc pas deviné que promulguer une science nou-

(1) M. Desbarrolles ne savait pas la langue graphologique. Il n'y a pas de pronostiques en graphologie. Il fallait mettre *diagnostiques.*

velle, était pour M. Michon un bonheur peut-être plus grand que celui d'en avoir découvert le mécanisme et formulé la méthode? M. Michon d'ailleurs n'entendait pas se mettre sous la tutelle de M. Desbarrolles; il continua d'user de son droit de parler et d'agir à sa guise. Il n'eut pas à s'en repentir. M. le docteur Favre ne lui vola rien du tout.

VII. PREMIÈRES LUTTES.

Nous voici à l'une des plus singulières inventions de M. Desbarrolles. Dans sa deuxième lettre insérée dans la *Graphologie* du 15 octobre 1873, p. 157, 2e colonne, il raconte qu'au 2 juin 1870, il écrivit à M. Gillot de suspendre la publication des clichés. *Ceci tout à fait entre nous*, lui disait-il; et il s'est fait rendre la lettre. C'est un procédé de collaborateur que mes lecteurs apprécieront. Cela retardait aussi la publication des *Mystères de l'Ecriture;* cela retardait aussi les notes à payer. Le plus beau, c'est qu'il raconte cela tranquillement, comme une chose toute simple et il donne une explication qui est encore moins loyale que le procédé lui-même.

« Nous nous étions, dit-il, partagé l'espace du volume à
« remplir. J'étais retardé par des recherches conscien-
« cieuses et difficiles. Je travaillais avec confiance, lorsque
« je *m'aperçus* que, tandis que je combinais avec réflexion
« M. Michon *s'efforçait d'envahir mon terrain.* J'écrivi
« *alors* à M. Gillot, 2 juin 1870; suit la lettre. »

Heureusement M. Desbarrolles précise la date. C'est a mois de juin que M. Desbarrolles s'aperçoit que M. Micho s'efforce d'envahir son terrain. Mais M. Michon ne s'effor çait à rien du tout. Depuis neuf mois, son travail était com plètement fait et entre les mains de M. Desbarrolles, e dans ce même mois de juin, M. Desbarrolles, loin de tro ver que M. Michon eût envahi son terrain, lui demand d'ajouter un nouveau travail au premier. On voit qu'elle es la valeur de l'explication de la lettre à M. Gillot.

« Je voudrais à la fin du livre quelques portraits d'hon
« mes célèbres, d'après leur écriturs, aussi complets qu
« possible... Faites donc la chose... »

Au 10 juillet, il revient à la charge. « Pensez-y sérieuse-
« ment. De mon côté je finis la préface (*l'avant-propos.*) »
Encore au mois de juillet : « Nous n'avons pas assez
« donné (lui n'avait encore rien donné). Je donnerai peut-
« être de vingt à vingt-cinq pages, trente peut-être... Je
« viens de revoir ma copie ; je donnerai soixante à soixante-
« dix pages, peut-être quatre-vingts... Il faudrait penser à
« ce que je vous ai dit. Sans mon jonrnal, je donnerais
« tout ce qu'il faudrait... Pensez donc à une collection de
« grands hommes... Vous avez le temps de travailler à
« votre aise au livre. »

Au 15 juillet, même demande : « Je le ferais, mais ce serait bien long. »

Enfin, le 19, M. Desbarrolles croit qu'il y a assez de copie : « mais si elle manquait, *j'aurais recours à vous pour*
« *remplir et gonfler le volume;* mais, en tout cas, le livre
« est bien fait, suffisamment corsé, supérieurement choisi,
« admirablement conséquent et raisonné. »

Et voilà comment M. Michon avait envahi le terrain de M. Desbarrolles.

Arriva la terrible guerre. La *Chiromancie illustrée* sombra dans le grand naufrage. Je ne vous demanderai pas un pleur pour sa mémoire. Je crois que même M. Desbarrolles ne le lui a pas accordé. Il commençait à être las de ce journal qui dévorait tout son temps. Cela lui laissait des loisirs pour finir son avant-propos; et, en effet, dix-huit mois après, il était terminé. Dieu ! quel chef-d'œuvre nous aurions dû avoir !!

Paris est assiégé, et l'impression des *Mystères de l'Ecriture* est suspendue.

Pendant la guerre, M. Desbarrolles s'en fut à Londres. Il écrivait au « cher maître. » Il dit, dans une lettre de décembre 1870, qu'il est arrivé à une certaine habileté. « Je
« fais, avec la chiromancie et la graphologie, le charme et
« l'étonnement, etc. »

Le *cher maître* était fort agacé du mélange que son élève faisait, à Londres, de la *Chiromancie* avec la *Graphologie*, mélange qui ne pouvait que nuire à cette dernière science. Probablement sa lettre se ressentit de ces impressions. Car, dans sa réponse du 15 février, M. Desbarrolles donne des explications.

On pourrait appeler cette lettre la lettre *aux aveux* Sans

y penser, M. Desbarrolles détruisait, par avance, les fables absurdes qu'il a débitées depuis. Voilà ce qu'il écrit au 15 février 1871 :

« Vous avez *votre méthode ;* je n'ai pas envie de l'envahir, « bien que je la connaisse *peut-être assez* pour la mettre en « usage... Je ne doute pas, comme vous me le dites, que « *la parole de celui qui a combiné le système, qui peut ré-* « *pondre aux difficultés, n'ait une puissance particulière*, « et je ne demanderais pas mieux que d'entendre cette « parole. »

M. Desbarrolles reconnaissait donc, dans cette lettre, que M. Michon avait une *méthode* et qu'il avait *combiné le système.*

M. Michon part pour Londres. Là les discussions commencèrent à être sérieuses, et toujours elles furent causées par l'obstination de M. Desbarrolles à confondre la Chiromancie et la Graphologie. Je voulus intervenir dans le débat, et j'écrivis à M. Michon une lettre faite pour être montrée à M. Desbarrolles.

« Je suis habituée à vous dire toute ma pensée soit sur « vos actes, soit sur vos écrits. Vous avez reconnu que mes « appréciations étaient, en général, assez justes ; et vous « avez eu la bonté de toujours bien les accueillir, même « quand elles étaient en contradiction avec les vôtres.

« Ce préambule est là pour faire passer les gros mots. A « présent, je vous dirai, — et je dirai à M. Desbarrolles, — « que vous avez manqué tous les deux de tact et de sens « commun en mettant vos deux sciences sur le programme « des conférences. M. Desbarrolles vous a dit lui-même « que la *mancie* ne convenait pas aux Anglais. Il fallait « donc bien se garder de faire marcher ensemble la Gra- « phologie et la Chiromancie. Dans l'esprit des Anglais, la « Chiromancie doit nuire à la Graphologie, et la Grapholo- « gie ne peut servir en rien la Chiromancie. Et je vous « conseille fort, à tous les deux, de ne pas faire un *mêli-* « *mêlo* de Chiromancie et de Graphologie ni dans vos con- « férences, ni dans votre livre (1). Les procédés des deux

(1) Le livre était fait ; mais cet avant-propos, qui n'était pas terminé, pouvait, dans ses flancs, renfermer le *monstre* de la Graphologie accouplée à la Chiromancie. Et, en effet' il y est.

« sciences ne sont pas les mêmes. Le soleil et la lune, Mer-
« cure et Vénus n'ont rien à voir dans la Graphologie. Pour
« la Chiromancie, c'est autre chose. Tout ce qui est *man-*
« *cie* peut voyager dans la lune.

« Vous comprenez, je pense, disais-je en finissant, que
« tout ce qui précède a été écrit pour votre *socius*, songez-
« y bien : qui a compagnon a maître. Tâchez d'être le maître,
« sans blesser, bien entendu, ce respectable fossile. »

Sauf le dernier paragraphe, M. Michon lut ma lettre à M. Desbarrolles ; il paraît qu'il en fut médiocrement flatté. M. Michon quitta Londres le premier. Les deux collaborateurs se séparèrent amicalement, mais assez refroidis l'un pour l'autre.

La guerre et la Commune avaient amené une grande perturbation dans la fortune de M. Desbarrolles. Le 30 juin 1871, il écrit à M. Michon, lui expose sa position, et lui *avoue* qu'il ne peut pas tenir ses engagements, et qu'il sera forcé de faire suspendre l'impression du livre. Mais il ajoute « Je ne le ferai pas sans avoir attendu votre ré-
« ponse... Nous pourrions vendre le livre aux frères G... »
Sans doute ; mais alors, comme l'avait déjà dit M. Desbarrolles dans une autre circonstance, « *c'était une affaire flambée.* » M. Michon avait trop de cœur pour ne pas compatir à la position de son collègue. Il aurait pu le rappeler aux termes du traité; c'était son droit; il ne voulut pas en user.

La correspondance devint très-active. « J'ai presque
« vendu le livre à MM. G... Je crains toutefois que le nom
« d'Hippolyte, sans autre nom, ne soit un obstacle. Je vous
« engage à signer votre nom. »

31 juillet, autre lettre. M. Desbarrolles insiste encore pour que M. Michon mette son nom.

Ce fut à cette époque, 31 août 1871, que M. Desbarrolles m'écrivit de Bagnères, une lettre de 13 pages. Ne vous effrayez pas, cher lecteur, je ne vous la transcrirai pas *in extenso*. Mais je tiens à vous en faire remarquer certains passages. M. Desbarrolles a fait mention de cette lettre dans le dernier *factum* publié le 15 octobre par la *Graphologie*, p. 155, 2e colonne :

« M. Michon, dit-il, débute dans un avis à ses lecteurs
« par affirmer que je lui ai écrit : « Vous êtes la nature la
« plus franche, la plus loyale que j'ai connue. « C'est une
« lettre dont je n'ai nul souvenir et *qu'il faudra voir.* »

Ce *qu'il faudra voir*, est une impertinence accentuée encore par ce qui suit :

« Car j'ai moi une lettre de M. Michon, que je peux « montrer, où il dit : Votre lettre de 13 pages, envoyée à « Mlle de Vars, est évidemment à mon adresse. Mlle de « Vars, qui me connaît depuis quarante ans, n'a pas été « émerveillée du portrait que vous faites de moi.

« Ceci, ajoute M. Desbarrolles, ne ressemble guère à la « citation faite par M. Michon. »

Dans une lettre adressée aux abonnés de la *Graphologie*, — M. Desbarrolles a dû la recevoir, — M. Michon a donné un *fac-simile* de la phrase qu'il avait citée (1). M. Desbarrolles a voulu voir : il a vu; mais la lettre de 13 pages est-elle en contradiction avec cette phrase? Tout au contraire, elle la confirme. Cette lettre peut s'appeler aussi la lettre aux *aveux*.

« J'entrevois un schisme, et j'engage M. Michon à bien « réfléchir avant de se séparer de son collaborateur. « M. Michon est un homme que j'aime beaucoup et pour « lequel j'ai *la plus grande estime.* » — Ce n'est pas cela qui contredit la phrase citée par M. Michon. — « C'est un « travailleur, infatigable, une belle intelligence et un ex- « cellent cœur. Mais, malheureusement, la nature en le « parant de qualités aussi précieuses, a mis un revers à la « médaille, qu'elle indique du reste (puisque mon métier « est de deviner le caractère par les formes extérieures, et « il est à croire que je ne me trompe guère), qu'elle in- « dique, dis-je, cette bonne dame nature par des mâchoires « larges, des *dents aiguës*, un menton carré sec et *long*, et « des pommettes saillantes, et le *teint animé* (Planète de « Mars), c'est-à-dire une disposition à se tailler dans un « gâteau la part la plus belle, sans trop s'inquiéter de la « part du voisin. Disposition combattue, il est vrai, et je « me hâte de le dire, par une grande bienveillance sur le « front, et, sur le front aussi, la comparaison qui donne « l'intelligence supérieure. »

Voici un jugement scientifique. Mais M. Desbarrolles qui a appris la Physiognomonie dans Lavater, la Phrénologie

(1) Je pourrais citer dix ou douze lettres de M. Desbarrolles où, jusqu'à l'époque de la rupture, il proteste de son estime pour le caractère de M. Michon.

dans le docteur Gall, la Chirognomonie dans M. d'Arpentigny, la Chiromancie, dit-on, avec Eliphas Levi, et, enfin, la Graphologie avec M. Michon, M. Desbarrolles ne devrait jamais se tromper sur un caractère, s'il observait bien. Mais il n'est pas fort sur l'article. Et le portrait qu'il vient de faire en est la preuve. M. Michon n'a pas les dents aiguës ; il les a au contraire très-larges et très-carrées ; son teint a toujours été plutôt pâle que coloré ; son menton est nettement accusé comme dans le type gaulois : il n'est ni long, ni carré. Donc les conclusions sur les *dents aiguës*, le *teint animé* et le *menton long* et carré tombent à faux, et Mars n'a point d'influence sur M. Michon.

Dans cette lettre, M. Desbarrolles commence à comprendre que M. Michon ne voulait pas étendre la collaboration au-delà des termes du traité. M. Michon avait parlé de travaux qu'il voulait faire. « Mais alors, dit M. Desbarrolles, je travaillerai de mon côté. Comme nous avons « fait une association, je peux me servir de *son système* « mêlé au mien, si cela me plaît. *S'il ne le connaît pas*, « c'est qu'il ne me l'a pas laissé *exposer*. Si M. Michon veut « que nous restions dans notre traité, rien de mieux. S'il « ne le veut pas, qu'il fasse son œuvre en concurrence, et « le public nous verra en concurrence. »

Le public n'aurait pas eu souvent ce plaisir. M. Desbarrolles a mis trois ans pour faire un *Avant-propos* de 76 pages, 25 pages par an ! M. Michon a fait le volume des *Mystères de l'Ecriture*, 507 pages, en trois mois. La concurrence dans ces conditions n'est pas facile.

Dans tous les cas, M. Desbarrolles invoque ici le traité. Or, de quoi parle le traité ? D'un livre. En dehors de cela, il ne fait pas de ces messieurs deux frères siamois ne pouvant marcher l'un sans l'autre. M. Michon ne perdait pas son droit d'écrire sur la Graphologie, sous le nom de Jean-Hippolyte ou sous celui de J.-H. Michon, sans la permission de M. Desbarrolles. Celui-ci, de son côté, pouvait écrire un volume et y faire une macédoine de Chiromancie, de Graphologie, de Phrénologie, de Chirognomonie, faire intervenir les planètes, les signatures astrales et *praliner* tout cela dans son style artistique. M. Michon aurait eu le droit d'en rire et de trouver que sa chère Graphologie était en mauvaise compagnie, mais il n'aurait pas eu celui d'y mettre son *veto*.

« M. Michon, continue M. Desbarrolles, n'a jamais voulu « savoir ce que je puis faire en Graphologie, en adaptant « cette science, assez bornée du reste, à ma science qui va « aussi loin que la divination humaine peut aller en se ba- « sant sur la physiologie. »

Il est certain qu'on ne peut guère aller plus loin en divination, que de voir dans la main des femmes les maladies de leurs maris. Je le confesse, la Graphologie ne fera jamais de semblables tours de force. Les graphologistes ne sont pas sorciers ; ils ne disent ni le passé ni l'avenir ; ils dévoilent l'âme humaine, et M. Desbarrolles trouve que cela est peu de chose!

« M Michon se refuse *absolument* à ce mélange que j'ac- « complirai sans lui . . . . Ma lettre vous paraî- « tra un peu tranchante, mais croyez qu'il n'y a en moi que « les meilleures intentions ; j'ai, je le répète, *la plus grande* « *sympathie et une réelle estime* pour M. Michon.

M. Michon ne fut pas plus « émerveillé » que moi de cette lettre. Il y répondit avec vivacité, à ce qu'il paraît, et M. Desbarrolles riposta assez spirituellement. C'est encore une *lettre aux aveux*, de ces aveux qui mettent en miette les fables absurdes inventées depuis. Voilà pourquoi j'en cite un fragment. Elle est du 6 septembre 1871.

« Je constate un instinct involontaire auquel vous cédez « parfois sans le savoir. Peut-être, après tout, est-il causé « par un enthousiasme excessif *pour vos découvertes que je* « *trouve fort belles*, enthousiasme qui vous porte à éviter « la concurrence immédiate d'une science............ Je n'a « nulle envie, je vous le répète, de me faire professeur de « graphologie ; je l'*emprunterai* comme une branche à « ajouter à d'autres branches. »

Ainsi, M. Desbarrolles, dans ses lettres, ne conteste jamais à M. Michon ni sa méthode ni son système, ni ses découvertes, ni, en un mot, sa science graphologique ; mai il voudrait qu'il consentît à l'amalgame, en collaboration, d la Graphologie et de la Chiromancie. Là-dessus, M. Michon n'a jamais voulu céder ; il ne le pouvait pas. Il y eut à Londres des discussions très-vives à ce sujet (1); et d'ailleur

(1) Voici ce que m'écrivait M. Michon, le 12 mai 1871 :
« Enfin, me voilà quitte de l'ennuyeux Desbarrolles.
« Le jour même de mon départ, il m'a lu la fin de sa préface.

M. Michon n'avait jamais eu la pensée de s'anihiler ni de se condamner à la collaboration perpétuelle. Il avait fait un livre auquel M. Desbarrolles avait mis son nom : ces choses là peuvent se faire une fois, mais on ne les recommence pas.

Si M. Desbarrolles avait voulu se tenir sur le terrain de la graphologie, le seul où M. Michon eût accepté une collaboration, il est à croire que la discorde ne se fut jamais glissée dans le ménage littéraire des deux collaborateurs : l'un aurait continué à tout écrire, l'autre à tout signer. Avec le caractère de M. Michon, cela pouvait durer longtemps, sans qu'il s'aperçut qu'il jouait le rôle de *Raton* avec *Bertrand*. Mais ce malheureux *Avant-propos*, qui n'était pas terminé au 31 décembre 1872, c'est lui qui causa tout le mal. M. Michon bondissait quand son élève, qu'il appelle assez plaisamment le fils aîné de la Graphologie, lui écrivait ;

« Je reste dans le texte, quand j'élargis le champ de la « Graphologie par une autre science.... Que vous importe

Ce n'était pas la *fin* définitive, car j'ai une lettre de M. Desbarrolles de décembre 1871, où il parle de finir cette préface.

« Je me suis fâché tout rouge avec lui. Vous savez que ma « colère est rude (— pendant cinq minutes —), « mais il est « plus calme que moi. Il s'est tenu sur ses étriers, et j'ai fini, « il le fallait bien, par accepter cette stupide préface. Vous « allez juger. A propos de la fatalité sur Napoléon Ier, il di- « sait : — Napoléon Ier est sous l'influence de l'eau, c'est la « lune. Il est né dans une île ; s'est battu contre des insu- « laires, a été exilé dans une île et est mort dans une île. — « Je lui ai répondu : Il avait aussi bien le continent pour fata- « lité ; il a été élevé sur le continent, a gagné ses grandes « batailles sur le continent, a été défait en Russie sur le con- « tinent, etc. Donc, lui ai-je dit, tout cela n'est pas sérieux. « Il a pourtant consenti à biffer cette bêtise.

« Enfin, j'ai reconquis ma pauvre et chère liberté. Cet « homme si personnel, si ramolli, si entêté, m'aurait rendu « fou. » J'ajouterai à cette lettre que le M majuscule de M. Desbarrolles donne le signe de la personnalité doublement accentué ; le crochet égoïste se trouve au commencement et à la fin. Je n'ai trouvé que deux ou trois exemples de cette singularité. Des instincts d'égoïsme se rencontrent dans un très-grand nombre d'écritures : l'égoïsme absolu indiqué par ce double crochet est très-rare.

« que je parle, dans ma préface, de Vénus et de Saturne ?
« Ne vous inquiétez pas tant pour le livre. Est-ce que la
« *Chiromancie* n'a pas eu de succès ? Et la Chiromancie
« parle assez des astres. Je ne changerai rien à *l'Avant-*
« *propos*. Refusez votre consentement à l'impression et
« vous *verrez*. Pour vous, c'est une cause de dépréciation
« du livre ; pour moi, c'est un motif de succès. »

Ce n'est pas la seule fois que M. Desbarrolles en soit venu aux menaces — toujours pour la même cause. — « Si vous entravez la publication du livre, si vous le retar-
« dez d'un seul jour.... je vous ferai un procès en dom-
« mages et intérêts, non pas en artiste, mais en homme
« d'affaires. »

J'excuse dans M. Desbarrolles sa susceptibilité vaniteuse, son amour-propre puéril, ses exigences ridicules, et toutes les petites misères d'un petit esprit. Mais ce que je ne puis excuser, c'est qu'il ait oublié si vite avec quelle délicatesse M. Michon avait consenti, contre tous ses intérêts, à la résiliation de la clause du traité qui obligeait M. Desbarrolles à faire les frais de la publication du livre ; et c'est peu de jours après ce sacrifice, qu'il reçoit une lettre de menaces de M. Desbarrolles. Ce fut la récompense de son abnégation.

Dans cette même lettre, M. Desbarrolles explique ce qu'il entend par agir avec lui en vrai collaborateur. M. Michon doit dire : *notre livre*, au lieu de *mon livre*, *notre science* au lieu de *ma science*, *notre méthode*, *notre système* au lieu de *ma méthode*, *mon système*. Passe pour le *livre*, puisque le nom de M. Desbarrolles y est ; mais, en supposant même que la collaboration à ce livre eut été réelle au lieu d'être fictive, s'ensuivrait-il que M. Michon ne pourrait plus dire : mon système, ma science, ma méthode ? C'est-à-dire que M. Michon, pour plaire à son disciple, devait abdiquer son individualité ?

Du reste, M. Desbarrolles ne redoutait rien tant qu'une rupture ; car, après avoir menacé, il fait ressortir tous les avantages que M. Michon trouvera à marcher avec lui. Il lui annonce qu'il va publier un livre, dans lequel il dévoilera tous ses secrets ; il y donnera une belle place à son collaborateur ; et il termine en disant : « *Je dore tout ce*
« *que je touche, quitte à laisser un peu de ma poussière*

« *d'or* (1). » Voilà qui remet naturellement en mémoire le roi Midas et ses longues oreilles.

« Vous connaissez *mon côté chatouilleux* » écrivait, quelques jours après, M. Desbarrolles.

Ce côté chatouilleux serait-il le même que celui du roi de Lydie ?

VIII. — LE JOURNAL ET LES CONFÉRENCES.

M. Michon, à la fin de 1871, fonda un journal destiné à propager la science graphologique. Le premier numéro parut le 18 novembre 1871 sous ce titre : le *Journal des Autographes*. Le 24 novembre, M. Michon faisait sa première conférence graphologique à la salle du boulevard des Capucines.

Je n'ai pas ici à faire l'éloge ni du journal ni des conférences. Tous ceux qui ont lu et entendu M. Michon, l'ont fait mieux que je ne le pourrais faire.

Le journal est à sa sixième année, et il a valu à M Michon de nombreux disciples qui appliquent avec succès la méthode du maître, et mieux encore, de nombreux amis ; et cela en raison de l'heureuse idée qu'il a eue de donner aux abonnés de son journal, en prime gratuite, leur portrait graphologique ou, pour mieux dire, leur photographie intellectuelle et morale d'après leur écriture. Rien ne pouvait mieux faire connaître la science. L'analyse des écritures de personnages historiques ou de notabilités contemporaines appartenant au monde religieux, scientifique, artistique, littéraire, politique, d'après le système graphologique soit dans le journal, soit dans les conférences, est très-intéressante sans doute ; mais enfin on pouvait dire — et on l'a dit : — Il n'est pas très-difficile de juger des individualités que tout le monde connaît. Les procédés graphologiques, quel que soit le charme avec lequel ils sont expliqués, peuvent produire une prévention favorable, mais non une conviction bien arrêtée. Mais lorsqu'on reçoit, avec son journal, un diagnostique sur son écriture ou sur celle d'une personne que l'on connaît très-bien, dont on

(1) Dans une autre lettre, M. Desbarrolles écrit : « Quand je touche quelque chose, l'or ne me reste pas aux mains, JE DONNE UN ECLAT. »

ne peut contester l'exactitude, alors la conviction arrive ; et voilà ce qui a fait le grand succès de la Graphologie.

M. Desbarrolles ne vit avec plaisir ni le journal, ni les conférences. « Il est évident que vous voulez rester seul « sur le terrain de la Graphologie. Peu m'importe pour le « moment. Plus tard j'y apparaîtrai avec des interpréta- « tions nouvelles ; mais le temps n'est pas venu. En atten- « dant, vous saisissez toutes les occasions possibles pour « m'écarter, un journal, une conférence, une rupture pré- « méditée à l'avance. Très-bien, je vous ai prévenu que je « ne refusais jamais une lutte : j'accepte celle-ci. »

Toutes les colères, toutes les récriminations injustes de M. Desbarrolles venaient de ce faux point de vue, où il se plaçait, qu'ayant signé un livre fait par M. Michon, M. Michon ne pouvait plus ni rien dire, ni rien écrire sur la science exposée dans ce livre, que d'une manière collective. En un mot, comme je l'ai dit plus haut, il s'imaginait que le traité avait fait de lui le frère siamois de M. Michon. Celui-ci ne pouvait admettre une telle prétention. Il ne demandait ni lutte, ni rupture. Et, si la rupture a eu lieu, ce sont les tracasseries continuelles de M. Desbarrolles qui l'ont amenée.

Ainsi, dans le second et le troisième numéro, la place manque à M. Michon pour les annonces. Il aime mieux les supprimer que de couper un article intéressant.

M. Desbarrolles fait des cris de paon. « Vous ôtez du « journal une annonce utile. Vous biffez mon nom que tout « autre mettrait *comme un attrait*... Tout cela pour me « faire oublier. »

M. Desbarrolles comprenait quelquefois, je pense, que ces récriminations n'avaient pas de raison d'être. Alors il redevenait gracieux. Au fond il est bon homme, pourvu qu'on ne touche pas à son « côté chatouilleux, » sa vanité excessive. Malheureusement, M. Michon y touchait souvent, sans le vouloir.

Dans un article du journal du 5 février 1872, M. Michon parle des sciences qui, comme celles de Lavater et de Gall, s'appuient sur des expériences sérieuses.

« Votre article m'a bien diverti, lui écrit M. Desbarrolles. « Vous parlez des sciences qui s'occupent de la divination « du caractère de l'homme ; vous citez Lavater et Gall « Quant à la *Chiromancie*, vous la biffez d'un trait de « plume. Plan ! c'est bien fait ! plus de Chiromancie ! C'es

« un article bien réussi ! »

Dans son article, M. Michon parlait de sciences sérieuses, qu'il ne pouvait pas confondre avec celles qui sont toutes plus ou moins occultes. S'il eût parlé de la Chiromancie, il aurait été forcé de la placer au rang des pseudo-sciences. M. Desbarrolles n'a pas compris que le silence de M. Michon était, surtout, une délicatesse d'ami et de collaborateur.

Dans un autre numéro, M. Michon avait parlé de M. Desbarrolles, « *dont le nom est connu de la plupart de mes* « *lecteurs*. » Il n'y avait rien là que de flatteur. Mais M. Desbarrolles ne se trouve pas encore assez flatté, et il écrit : « Il fallait dire : *Desbarrolles, que tout le monde connaît*; « et d'ailleurs vous auriez dit vrai. »

M. Michon est très-patient ; mais la patience humaine a ses bornes. Ces petites taquineries, ces exigences continuelles lui devinrent insupportables. Il se décida à rompre le seul lien qui le mit encore en rapport avec M. Desbarrolles, celui des consultations sur les écritures auxquelles celui-ci devait donner seulement sa signature.

M. Michon aurait dû prendre cette détermination le jour où M. Desbarrolles déclara qu'il ne pouvait pas remplir les engagements que lui imposait le traité. S'il eût rompu alors complétement, il se fut évité une foule de désagréments et de tracasseries. Mais enfin il prit un parti décisif, et il écrivit à M. Desbarrolles qu'il lui laissait toute sa liberté et qu'il reprenait la sienne.

M. Desbarrolles ne répondit pas. M. Michon dut croire qu'il consentait à la résiliation du traité. Et dans le fait, cette mesure ne lésait en rien les intérêts ni de l'un ni de l'autre de ces messieurs.

A partir de ce jour-là, M. Michon n'envoya plus de consultations à signer à M. Desbarrolles, et il n'en reçut plus de lui. Il devait croire l'affaire terminée (1).

(1) M. Desbarrolles recevait des lettres. Il en a apporté une dizaine au Comité de la Société des gens de lettres en déclarant qu'il n'avait pas fait les consultations et qu'il avait renvoyé l'argent. Ne pas faire les consultations, c'était de la prudence ; renvoyer l'argent, c'était de la loyauté. Mais si M. Desbarrolles n'admettait pas la résiliation du traité, signifiée par M. Michon, pourquoi ne lui envoyait-il pas ces lettres ? Et les ayant gardées; quel motif avait-il pour lui faire un procès ? Garder ces lettres, c'était accepter la rupture proposée.

Pas du tout. Plusieurs mois après, M. Desbarrolles lui intente un procès en dommages et intérêts. L'avoué de M. Michon demanda le renvoi de la cause devant la Société des gens de lettres. M. Desbarrolles, après avoir refusé cet arbitrage, l'accepta. Et la Société des gens de lettres a prononcé un jugement qui a rendu à M. Michon toute sa liberté d'action. L'indemnité pécuniaire demandée par M. Desbarrolles n'a pas été admise (1). C'est sans doute pour lui donner une fiche de consolation que l'on a mis dans l'arrêt du Comité « que M. Michon ne pourra ni dire, « ni faire imprimer qu'il est le *seul inventeur* de la science « graphologique, et qu'il n'est que le collaborateur de « M. Desbarrolles. »

M. Michon n'a jamais dit qu'il était le *seul inventeur* de la science graphologique. Il a dit qu'il était l'inventeur de son système, de sa méthode, de sa classification ; et cela est exact, puisque ce travail n'a jamais été fait avant lui. Jussieu n'a pas inventé la science de la botanique, il a inventé un système scientifique qui a prévalu sur celui de Linnée. Jusqu'à présent, le système graphologique de M. Michon est unique.

Je suis persuadée que, si le rapporteur avait mieux connu les faits, il aurait ainsi formulé son arrêt :

M. Michon a été le professeur de graphologie de M. Desbarrolles, et M. Desbarrolles n'est que son collaborateur dans la publication des *Mystères de l'Ecriture*.

M. Michon continuait paisiblement ses travaux, et ne s'occupait plus de M. Desbarrolles, lorsque, à la fin de mai 1873, il reçut un petit imprimé sans nom d'auteur ; c'était un résumé du rapport du Comité de la Société des gens de lettres et de ses conclusions. Cela avait été envoyé à tous les journaux. C'était un acte d'hostilité de M. Desbarrolles. Du reste, chose étrange, il ne le nie pas. Il avait lu un article d'ami, inséré dans la *Vigie*, de Dieppe, où l'on donnait M. Michon, comme l'inventeur de la Graphologie. Il fit semblant de prendre cela pour une circulaire, ce qui était

(1) M. Desbarrolles demandait à M. Michon, dans l'assignation devant le tribunal de commerce, une somme beaucoup plus forte que celle qui est consignée dans le rapport. Mais il se désista de lui-même de cette prétention exhorbitante. Cependant, sa demande, bien que très-réduite, a été rejetée par le Comité.

absurde, et il envoya à tous les journaux le jugement du Comité.

Selon lui, M. Michon avait violé une décision qu'il avait promis d'accepter. Où M. Desbarrolles a-t-il vu que M. Michon, fut l'auteur de cet article? Dans tous les cas, si M. Michon l'avait écrit, il aurait pu dire qu'il était l'*inventeur* de son système scientifique, de sa méthode, de sa classification, sans être en contravention avec la décision du comité. M. Desbarrolles cherchait un prétexte pour porter sa cause devant le public; et, tout absurde que fut celui-ci, il s'en servit.

M. Michon qui, par délicatesse et par amour pour la paix, n'avait jamais écrit, ni dit un mot sur le procès que lui avait fait M. Desbarrolles, releva vivement cette attaque, dans *la Graphologie* du 15 juin 1873, et il exposa sommairement les faits que j'ai racontés avec plus de détail. M. Desbarrolles, usant du droit que lui donnait la loi, de faire insérer, dans le journal, une réponse du double plus longue que l'article qui le concernait, envoya une lettre à M. Michon, qui ne manqua pas, en l'insérant, d'en relever toutes les inexactitudes. Autre *factum* de M. Desbarrolles. Il fallut encore l'insérer et y répondre. Cette mauvaise plaisanterie pouvait durer longtemps. Mais les abonnés de *la Graphologie* en eussent été les victimes : il fallait y mettre un terme. M. Michon répondit à M. Desbarrolles par une lettre qui n'a point paru dans le journal, mais qui fut envoyée à tous les abonnés.

Dans son dernier *factum*, M. Desbarrolles défiait le témoin, qui avait assisté aux leçons qu'il avait reçues de M. Michon, de nier ce qu'il avançait au sujet du livre de Henze. Ce témoin, c'était moi. J'ai accepté le défi, et c'est pour y répondre que j'ai écrit les pages que l'on vient de lire.

Mon récit a répondu aux principales attaques et aux principales inexactitudes, — pour ne pas me servir d'un mot plus dur, mais plus vrai, — consignées dans les lettres de M. Desbarrolles, publiées dans *la Graphologie* des 1er et 15 septembre et le 5 octobre 1873. Je n'ai pas à y revenir, seulement, je veux donner un seul échantillon de la merveilleuse adresse avec laquelle M. Desbarrolles se tire d'une question embarrassante.

M. Michon répondant au premier *factum* de M. Desbarrolles disait :

« L'invention étrange de M. Desbarrolles consiste à vouloir établir qu'il m'a traduit un auteur allemand, avec lequel j'ai composé mon livre.

« Mais, mon Dieu ! je ne lui demande qu'une chose : qu'il cite un seul passage allemand fourni et traduit par lui dont j'aie fait usage ! qu'il en cite un seul ! qu'il dise *à quelle page du livre* j'ai glissé cette citation !

« Voilà un moyen bien simple de me confondre. Pas besoin de verbiage. Je me déclare vaincu, le seul jour où M. Desbarrolles pourra produire un ou deux alinéas de l'auteur allemand compilés par moi sous sa dictée. Il ne le fera pas, il ne peut pas le faire ! Allons ! M. Desbarrolles, je vous mets au défi ! c'est si simple ; citer trente lignes d'allemand reproduites dans un livre français. »

Le défi est clair et nettement posé.

M. Desbarrolles relève le gant et se pose d'avance en vainqueur.

« Vient un défi en bonne forme de M. Michon, dit-il, et « j'en suis heureux. J'accepte. »

Et voici sa réponse. Il reproduit d'abord le défi, en le tronquant, puis il déplace la question et au lieu de citer, comme on l'en défiait, un seul passage de l'auteur allemand, reproduit par M. Michon dans le livre des *Mystères de l'Ecriture*, il donne un article du journal la *Graphologie*, du 27 avril 1872, dans lequel est cité un passage de l'*Avant-propos* sur l'auteur allemand.

M. Michon lui parle du livre et il parle du journal. Quel rapport y a-t-il entre le livre et le journal ? Et M. Desbarrolles qui se figure qu'on ne s'apercevra pas de son très-peu spirituel subterfuge, s'écrie :

« Eh bien ! M. Michon se déclare-t-il vaincu ? »

Non, monsieur ; car vous n'avez pas répondu à son défi. Vous n'avez pas cité un passage du livre des *Mystères de l'Ecriture* prouvant que M. Michon, en l'écrivant en 1869, s'est servi des documents fournis par vous d'après le livre de Henze.

Parmi tous les faits que vous donnez comme *incontestables* à la fin de votre dernière lettre, il en est un qui, en effet, ne l'est pas. Pour cette seule fois, je vous y prends, vous êtes dans le vrai. « Il est incontestable, dites-vous, « que je devais avancer les fonds nécessaires à la publication. »

Oui, monsieur, c'est incontestable, M. Michon n'avait mis votre nom sur le livre et ne vous avait initié à sa science qu'à cette condition : pour vendre son livre à un éditeur, il n'avait besoin ni de vous, ni de personne. Oui, c'est incontestable, vous deviez avancer les fonds et courir *seul* tous les risques de l'affaire. Mais il est aussi incontestable que ces fonds vous ne les avez pas avancés. Emu par vos lamentations sur vos revers de fortune, M. Michon a consenti à la vente du livre à un éditeur. Il vous a fait l'aumône du *seul avantage* qu'il pouvait espérer, en vous donnant le titre de collaborateur.

Vous avez été ingrat.

IX. PROGRÈS DE LA GRAPHOLOGIE.

Depuis que le journal est fondé, et que M. Michon a développé dans son *Système de graphologie* toute une méthode formulée plus vaguement dans les *Mystères de l'Ecriture*, la Graphologie a fait d'immenses progrès. La démonstration de la vérité du système graphologique, par les portraits donnés en prime gratuite aux abonnés d'un an, a été complète. Depuis plusieurs années que la correspondance du journal passe sous mes yeux, je n'ai rencontré que deux lettres avec ces mots terribles : « Monsieur, vous vous êtes trompé sur la personne dont je vous ai envoyé l'écriture, le portrait n'est pas exact. » Et, après une explication et une démonstration du système sur son écriture personnelle, un des censeurs, — c'était une femme, qui avait autant d'esprit que de bonne foi, — est devenue une des plus fidèles adeptes de la Graphologie. Sur plus d'un millier de lettres, huit ou dix, tout au plus, signalent quelques erreurs de détail. Sont-ce bien des erreurs ? J'en doute. Mais enfin, comme l'infaillibilité n'appartient qu'à Dieu seul, je n'admets pas que la Graphologie puisse dire : Je suis infaillible. Elle pourrait affirmer, cependant, qu'il s'en faut de bien peu. Dans les commencements, en raison de mon écriture descendante, je redoutais toujours de trouver dans les réponses aux diagnostiques donnés, sinon une négation de la science, du moins une critique bien ou mal fondée. Si les lettres commençaient ainsi : « Monsieur, je dois vous dire sincèrement...., » je n'osais pas aller plus loin ; ce début me faisait déjà peur. Et quand je me décidais à continuer, je lisais : « ..... que votre diagnostique sur mon caractère est tout à fait exact et qu'il a été reconnu pour tel par tous ceux auxquels je l'ai montré. » Je prends, au hasard, dans les dernières lettres reçues.

Première lettre : « Mon portrait est trouvé parfaitement « vrai par ceux qui m'entourent.... Je me trouve telle que « vous me dépeignez, et sous certains rapports même, vous « m'avez fait me mieux connaître. »

Deuxième lettre : « Toutes les personnes qui me con- « naissent ont été frappées de ce que, avec quelques lignes « seulement, vous ayez si bien trouvé et désigné mon ca- « ractère. Mon mari, et mes enfants surtout, sont d'autant « plus surpris, qu'ils ont trouvé le portrait parfait et qu'ils « n'avaient aucune confiance dans votre science. »

Vraiment, quand, depuis plus de cinq ans, il vous arrive sans cesse de semblables suffrages, on a le droit de dire que la science que l'on donne au public, est une science sérieuse.

Mais, dans ces lettres, il y a eu souvent autre chose que des actes de foi à la science graphologique. M. Michon y a trouvé des sympathies chaudement exprimées; et il a, à présent, un bon nombre d'amis inconnus auxquels il serait heureux de pouvoir un jour serrer la main. Entre autres lettres de ce genre, il en est une qui lui est arrivée de Barcelonne. J'ai été vraiment émue en la lisant. C'était un ami qui épanchait son cœur dans celui d'un ami. Aussi, l'écriture de Don Sébastien dit : « *un corazon muy sensible, muy noble y muy generoso.* »

Les conférences données par M. Michon, à Paris, à Orléans, dans les Deux-Charentes, à Bordeaux, à Agen, à Lyon, dans tout le Midi, en Suisse, en Belgique, etc., etc., ont aussi puissamment aidé à la propagation de la science graphologique.

Tous ceux qui ont entendu M. Michon savent combien sa parole est sympathique. Et, comme on sent qu'elle exprime une conviction sincère, les plus incrédules sont entraînés par cette parole à la fois si simple et si brillante, avant même d'être tout à fait convaincus. Mais, lorsqu'à la fin de la conférence vient l'épreuve des billets, — envoyés de tous les points de la salle, — analysés d'après les règles de la science, les plus récalcitrants s'avouent vaincus. La Graphologie voit augmenter le nombre de ses adeptes, et le maître celui de ses amis.

Une preuve encore de la certitude de la science graphologique est celle-ci :

Nous recevons beaucoup de lettres d'abonnés qui nous disent : « Nous appliquons votre système et nous sommes vraiment surpris des résultats que nous obtenons. Nous faisons des diagnostiques que l'on reconnaît comme très-exacts. »

Et, à ce sujet, je vais raconter ce qui m'est arrivé il y a à peu près 18 mois. Un monsieur vint pour un abonnement, et surtout pour voir M. Michon ; mais celui-ci était alors en Belgique. Nous causâmes graphologie ; et ce monsieur me montre un diagnostique de son caractère, fait par un de ses amis, M. A....., de Reims, un des premiers disciples de la science nouvelle. Ce diagnostique était fort bien rédigé : M. A. est un esprit très-lucide et très-intelligent. Je demandai à ce visiteur s'il reconnaissait l'exactitude de ce diagnostique, il me répondit oui. « Alors, lui dis-je, vous devez écrire de telle et telle manière. Votre écriture n'est pas très-inclinée, vos liaisons doivent être très-longues et vos mots très-espacés, etc., etc. » Il fut très-surpris et me répondit que telle, en effet, était son écriture.

Je ne raconte pas cela pour faire savoir à mes lecteurs que j'ai quelques connaissances en graphologie, mais pour leur donner une preuve, selon moi indiscutable, que la science graphologique n'est pas une affaire d'intuition, puisqu'on peut connaître le caractère d'après l'écriture, et l'écriture d'après le caractère, mais qu'elle est établie sur des signes bien distincts les uns des autres, et que tout le monde peut apprendre en très-peu de temps. M. Alexandre Dumas fils écrivait à M. Desbarrolles : « J'ai vu M. Michon, il m'a initié en quelques heures à la science graphologique. »

Tout le monde n'a pas l'incroyable facilité de M. Alexandre Dumas fils, ni surtout sa merveilleuse intuition, qui lui fait saisir instantanément les rapports des signes entre eux et leurs combinaisons multiples. C'est là la difficulté. Elle a été vaincue par un très-grand nombre de nos abonnés.

On va trouver à la fin de cette brochure un travail que j'ai demandé à M. Michon, c'est une nomenclature des signes graphiques qui peut, avec les développements donnés dans le journal et dans le livre du *Système de graphologie*, faciliter les études des disciples de la science nouvelle. Ceux qui connaissent le livre des *Mystères de l'Ecriture*, verront que depuis cette première publication, la méthode graphologique s'est enrichie de nouvelles découvertes. M. Michon termine dans ce moment un ouvrage qui aura pour titre : *Méthode pratique de Graphologie.*

Ce livre sera le complément indispensable du *Système de graphologie* et du journal, pour ceux qui voudront étudier sérieusement la Graphologie; et puisque je parle des *Mystères de l'Ecriture*, je dois signaler quelques-unes des erreurs graphologiques qui se trouvent dans l'*Avant-propos* de M. Desbarrolles, surtout aux pages LV, LVI, LVII.

Page LV : « *Les fioritures indiquent le mouvement, l'action, le projet, l'entreprise.* » Pas du tout, elles indiquent la prétention vaniteuse, la pose.

Id. : « *Les lettres grandes, ascendantes, magistrales, donnent l'orgueil excessif.* » Cela est encore faux. En général, elles annoncent des natures élevées, les moins orgueilleuses de toutes.

L'écriture descendante indique les découragements, le manque de confiance en soi, l'absence du sentiment de sa force, et, dans un sens, on peut dire que cette écriture est fatale ; car, avec un tel caractère, on réussit rarement dans ses entreprises. Mais, page LVI, M. Desbarrolles ajoute : « *Il y a fatalité si l'écriture se précipite en bas, la saturnienne sera rompue et indiquera l'époque et la nature de la fatalité.* »

Ceci n'est pas dans la science graphologique, qui n'a rien à démêler avec la « saturnienne. » C'est tout simplement prédire l'avenir. Or, si la Bible nous apprend que Dieu a révélé l'avenir aux prophètes, il n'est dit nulle part qu'il le révèle aux chiromanciens et autres diseurs de bonne aventure.

A la page LVII, M. Desbarrolles prétend que « *l'écriture agacée, avec des fioritures, est celle de la Vénus hystérique.* » Sur une épreuve, je trouve qu'il avait mis : *Vénus Astarté.* M. Michon lui avait dit que c'était absurde. Alors, il a remplacé une absurdité par une autre. Il y tenait. Or, graphologiquement, cette explication des fioritures n'a pas le sens commun.

Une écriture avec des fioritures, indique des prétentions: c'est celle des jeunes filles qui viennent de découvrir, dans leur miroir, qu'elles sont jolies et que leur petit chapeau leur va à merveille. Alors elles posent, elles font, comme dit le peuple de Paris, *des manières*, et leur écriture s'émaille de *d* bien contournés. Puis, si elles ont de l'esprit et du bon sens, elles reviennent bien vite à cette charmante simplicité qui rend la femme aimable cent fois plus aimable; et la fioriture disparaît peu à peu de l'écriture. Il en est de même de celle des jeunes gens. Ils ont aussi leur crise prétentieuse; et leur écriture la donne. Ont-ils une valeur réelle? les fioritures disparaissent, à mesure qu'ils comprennent qu'ils n'ont pas tout appris au collége.

Mais, trouver dans ces pauvres petites et innocentes fioritures, l'indice que ceux qui les font sont sous l'impression de la *Vénus hystérique et agacée*, c'est tout simplement absurde. Il n'y a aucun rapport entre les fioritures et « Vénus tout entière à sa proie attachée. »

La barre des *t* placée très-haut et terminée à l'extrémité, à droite, par un écrasement de la plume, indique l'esprit de domination très-absolue, intraitable, mais pas du tout, page VIII, l'orgueil; et s'il l'indiquait, ce ne serait pas plus *l'orgueil républicain* que l'orgueil impérialiste, ou légitimiste, ou orléaniste, ou septennaliste : tous les orgueils se ressemblent, et les graphologistes n'ont pas cherché à découvrir — et ils ne le chercheront pas — le signe type de l'orgueil au point de vue politique.

On a rendu à M. Michon cette justice, qu'en analysant l'écriture des célébrités du monde politique, il s'est toujours montré impartial; il n'a vu que l'écriture à analyser et rien de plus. La science ne doit jamais se mettre au service des partis, sous peine de descendre. Un de nos députés, M. R. de la S....., me disait, il y a quelques mois, qu'il avait surtout apprécié dans le journal, le tact avec lequel M. Michon se dégageait, dans ses jugements, de toute prévention politique; et il me disait cela au sujet de l'étude sur l'écriture du maréchal Bazaine, étude qu'il regardait comme un chef-d'œuvre.

Je termine ici l'histoire de la Graphologie. Nous la croyons appelée à un brillant avenir; et pour cela M. Michon compte sur le concours des amis de la science nouvelle. Il voudrait que tous ses abonnés devinssent des adeptes et des propagateurs d'une science éminemment utile, puisqu'elle nous conduit à une connaissance plus parfaite du cœur humain, et surtout du nôtre. Il est facile de faire son examen de conscience sur son écriture; et celui-là ne trompe jamais.

FIN.

ABRÉGÉ

DU

SYSTÈME DE GRAPHOLOGIE

L'écriture rend : I. Les facultés, II. Les instincts, III. La nature, IV. Le caractère, V. L'esprit, VI. Les aptitudes, VII. Les goûts, VIII. Les passions.

I. LES FACULTÉS sont les manifestations de l'âme, ce qui constitue l'essence psychique de l'homme.

1° MANIFESTATIONS INTELLECTUELLES : L'âme produit des idées et déduit des idées d'autres idées.

Il y a cinq grands groupes intellectuels.

Premier groupe : LES INTUITIFS PURS. — Faculté de conception, de création. — Les penseurs, les théoriciens, les systématiques, les rêveurs, les utopistes, les producteurs, appartiennent à ce groupe. Signe graphique : *lettres non liées dans les mêmes mots*. Ex. Châteaubriand.

Second groupe : LES INTUITIFS UN PEU DÉDUCTIFS. — Même faculté que la précédente mais un peu mélangée de déductivité, de logique. Signe graphique : *lettres non liées, parmi lesquelles se trouvent quelques lettres liées*. Ex. J.-J.-A. Ampère.

Troisième groupe : LES ÉQUILIBRÉS. — Cerveaux à la fois intuitifs et déductifs, idéalistes et logiciens, penseurs et raisonneurs. C'est l'écriture des esprits encyclopédiques, aptes à se livrer à beaucoup des connaissances humaines. Signe graphique : *à peu près autant de lettres liées que de lettres non liées.* Ex. Manin.

Quatrième groupe : LES DÉDUCTIFS UN PEU INTUITIFS. — Ce sont des cerveaux logiciens, raisonneurs, mais qui ne sont pas étrangers à l'idéalisme. Signe graphique : *lettres liées entre elles, avec mélange de lettres non liées.* Ex. Jules Simon.

Cinquième groupe : LES DÉDUCTIFS PURS. — Faculté de comparaison, de liaison d'idées, d'assimilation. — Les logiciens, les raisonneurs, les positifs, les pratiques ont cette écriture. Signe graphique : *toutes les lettres liées entre elles.* Ex. Mazarin.

Ces cinq groupes donnent l'organisation cérébrale.

2° MANIFESTATIONS AFFECTIVES : L'âme s'impressionne, elle aime ou hait ; elle se passionne. C'est le développement de la force affective, la faculté de sentir.

Premier groupe : SENSIBILITÉ FAIBLE. — C'est l'écriture qui donne la moins forte production de sensibilité. C'est la sensibilité simplement indiquée. Le cœur subit généralement les influences de la raison. Signe graphque : *inclinaison de l'écriture très-légèrement marquée.* Ex. Thiers.

Second groupe : SENSIBILITÉ VRAIE, SÉRIEUSE, NETTEMENT DÉVELOPPÉE. — C'est l'écriture de toutes les âmes dans lesquelles la force affective est puissante, mais sans les excès de la sensibilité non contenue. La raison peut prendre de l'empire sur le cœur, sans un trop grand effort. Signe graphique : *inclinaison de l'écriture bien marquée et constante dans toutes les lettres.* Ex. Madame de Maintenon.

Troisième groupe : SENSIBILITÉ EXTRÊME, SENSITIVITÉ. — C'est l'écriture des passionnels, de l'impressionnabilité sans limites. — La grande féminité — la passion qui emporte. — Toutes les déterminations se prennent en vertu des impressions reçues. Il faut une réaction exceptionnelle de la raison et de la volonté pour se tenir en garde contre le cœur qui alors domine, et l'on ne réussit pas toujours. Signe graphique : *inclinaison excessive de l'écriture*. Ex. Une sensitive.

Quatrième groupe : SENSIBILITÉ CONTENUE. — Lutte de la raison et de la volonté contre l'impressionnabilité dont on sent la prédominance. Signe graphique : *certaines lettres se redressent au milieu de l'écriture inclinée*. Ex. George Sand, dans sa première manière.

Ces quatre groupes donnent l'organisation affective.

3° MANIFESTATIONS VOLONTAIRES : L'âme veut. Développement de la force de détermination.

VOLONTÉ FAIBLE. — Ce sont les natures faciles à dominer. Signe graphique : *de petites barres au* t *minuscule, finissant très-finement ;* quelquefois des *t* non barrés. Ex. Louis XVI.

Groupes des volontés fortes.

Premier groupe : RÉSOLUTION. — C'est l'écriture des hommes à déterminations fortes. Signe graphique : *des traits durs terminés carrément, en massue*. Ex. Gambetta.

Second groupe : PERSISTANCE. — C'est la constance des résolutions, la persévérance inflexible, qui ne cède pas et veut à tout prix atteindre son but. Signe graphique : *la ligne droite avec un mouvement rectiligne rigide. Chaque ligne semble une petite tige d'acier*. Ex. Le cardinal Régnier.

Troisième groupe : ENTÊTEMENT. — C'est la volonté qui ne plie pas. Signe graphique : *les lettres anguleuses à leur base*. Même exemple.

Quatrième groupe : OBSTINATION. — Les obstinés ne démordent pas de leurs idées. Signe graphique : *les* f *et les* t *barrés en retour*. Plus la barre est en courbe, moins l'obstination est forte. Ex.

13

Cinquième groupe : TENACITÉ. — Le tenace suit ses plans sans lâcher prise. Signe graphique : *l'emploi de barres recourbées en croc ou harpon plus ou moins aigu*. Ex. Buonaparte, commandant d'artillerie.

14

Sixième groupe : OPINIATRETÉ.

Les opiniâtres n'avouent pas leurs torts et sont d'une détermination que rien ne fait changer. Signe graphique : *le trait carré d'abord et puis finissant en pointe et descendant*. Ex. Une petite fille de sept ans.

15

Ces six groupes donnent l'organisation volontaire.

II. LES INSTINCTS sont nos forces natives. Ils rendent les mouvements non calculés de l'âme. C'est l'âme dans ses penchants primitifs, irréfléchis, dans les impulsions qu'elle trouve en elle-même pour être agissante, voulante, aimante.

INSTINCTS BIENVEILLANTS. — Ce sont les âmes expansives qui s'oublient volontiers pour les autres. Signe graphique : *écriture inclinée — des courbes.* Plus l'inclinaison est forte plus le cœur domine, plus il y a d'expansion. Plus les courbes se multiplient plus il y a de bonté, de douceur. Dans ces écritures on trouve fréquemment les *u* pour des *n*. Ex. Un bienveillant.

16

INSTINCTS TRACASSIERS. — Ce sont les âmes déplaisantes, querelleuses, aimant la dispute Signe graphique : *des barres très-vives, très-ascendantes. Ecriture dont les mots sont anguleux à la base. Absence complète de courbes.* Ex.

17

INSTINCTS DÉFIANTS. — Les âmes défiantes ont toujours peur d'être trompées. Signe graphique : *emploi rigoureux des points après les dates, la signature, les noms de villes sur les adresses.*

INSTINCTS TIMIDES. — Signe graphique : Des courbes qui n'ont pas de hardiesses et qui semblent brisées et tremblottantes, comme les font les enfants qui commencent à écrire ou les personnes ayant une maladie nerveuse. Ex. Le P. de la Colombière.

18 grandeur de

INSTINCTS PARCIMONIEUX. — C'est le sens de l'épargne, de l'économie, la joie de posséder, le déplaisir de faire de la dépense. Signe graphique : *les mots dont la finale est aussi courte que possible; les lignes où l'on tasse les mots, rarement d'alinéas ; peu de marges.* Ex. Louis XVIII.

19 Je cherche a me dédommager

Quand ces signes ont une grande fréquence et beaucoup d'intensité, ils indiquent l'avarice qui est une parcimonie excessive, la ladrerie.

INSTINCTS PRODIGUES. — C'est le sens de la profusion. Signe graphique : *à l'inverse des avares, les prodigues ont de longues finales aux mots ; ils n'économisent pas plus leur encre que leur or. Ils mettent peu de mots dans une ligne et peu de lignes dans une page. Ils espacent même beaucoup leurs lettres dans le même mot.* Ex. Nathalie, une actrice.

la loi du destin

20

absolument besoin

INSTINCTS ORDONNÉS. — Signe graphique : Ecriture où tout est à sa place, où nul détail n'est négligé, où les lettres n'avortent pas sous la plume, mais sont formées avec une régularité presque géométrique.

INSTINCTS DÉSORDONNÉS. — Signe graphique : L'absence des signes précédents. Ecriture où rien n'est à sa place ; détails négligés ; lettres avortées.

Ces deux derniers signes se comprennent parfaitement et n'ont pas besoin d'exemples.

III. LA NATURE est l'état permanent de l'âme.

ÉGOISME. — L'égoïsme est le sens du *moi*, de la personnalité. Même en aimant les autres, on les aime pour soi, pour le bien qu'ils nous font, pour les joies que nous rapporte leur affection, et celle que nous avons pour eux. Les égoïstes sont des *convergents* qui se font centre. Signe graphique : Les majuscules terminées par un crochet qui se replie et qui coupe inharmoniquement le jambage de la lettre.— Ex. L'horrible Troppmann.

IMPERSONNALITÉ. — Oubli de soi. Les impersonnels sont des *rayonnants* qui aiment les autres pour le bien qu'ils leur font, pour les joies qu'ils leur donnent. Signe graphique : Les majuscules M, N, T, R, S, toujours liées au mot et ne présentant jamais le crochet concentrique indiqué plus haut. Ex. Alexandre Dumas fils.

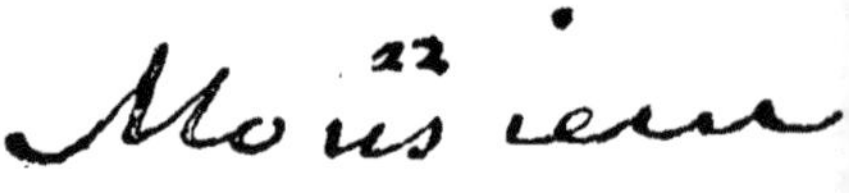

PETITESSE, MINUTIE. — Signe graphique : *Forme commune des lettres; lettres sans hauteur; importance attachée aux moindres détails de l'écriture.* Voyez à l'écriture, cliché n· 45.

ÉLÉVATION, DIGNITÉ, GRANDEUR D'AME, SENTIMENTS NOBLES. — Signe graphique : L'*écriture à grandes allures, de haute dimension; signature sans paraphe; souvent peu de soin des détails orthographiques; lettres et mots non tassés.* Ex. Louis XIV.

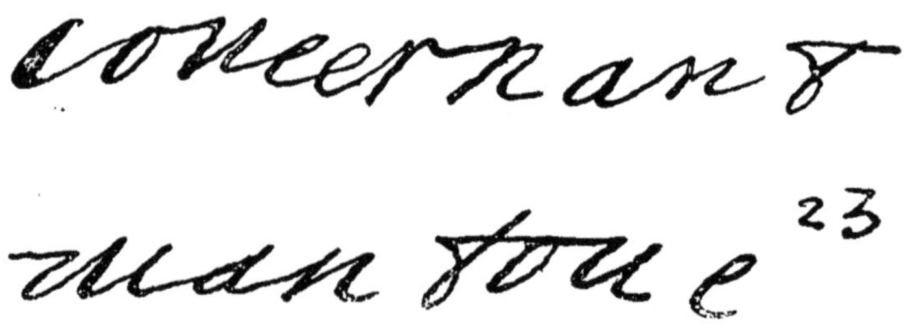

ORGUEIL. — Développement du sens de supériorité. Signe graphique : Lettres qui s'exagèrent en hauteur ; majuscule M dont le premier jambage a souvent plus du double de hauteur que les deux autres. Ex. Guizot.

HUMILITÉ. — Développement du sens humble, absence d'orgueil. Signe graphique : Majuscules peu élevées et dont les jambages sont égaux en hauteur. Absence des signes précédents.

Ex. Vincent de Paul.

EXALTATION. — Natures peu maîtresses d'elles-mêmes, emportées par l'imagination sans règle qui va quelquefois jusqu'à l'extravagance, même jusqu'à la folie. Signe graphique : *Des mouvements extravagants de la plume dans le haut et dans le bas des lignes, des lettres de grandeur démesurée se perdant dans le blanc du papier.* Ex. Barbey d'Aurevilly.

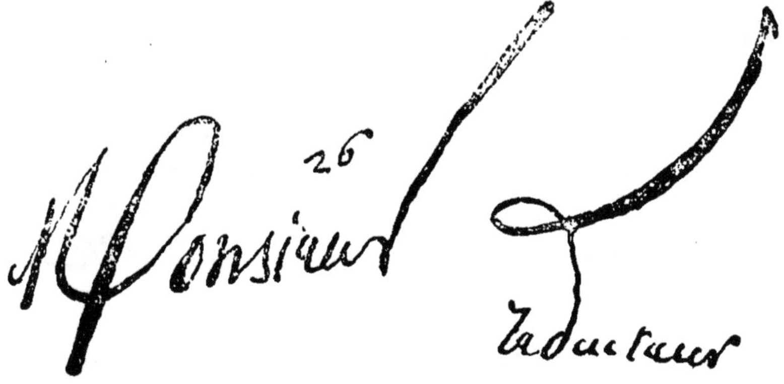

MOBILITÉ. — Natures qui subissent vivement les impressions et passent rapidement de l'une à l'autre. Signe graphique : *Lettres tour-à-tour hautes et basses dans les mêmes mots*. Ex. Le maréchal Ney.

INFLEXIBILITÉ. — Natures dont le baromètre à sensations est toujours à un degré fixe. Signe graphique : *Ecriture rigide, à lettres d'égale hauteur et suivant une ligne droite, comme si le papier était réglé*. Ex. Bismark.

ARDEUR. — Natures ascendantes, qui ont de l'entrain, de l'activité, un grand sentiment de leur force, le désir vif du succès, — les ambitieux —les courageux — les actifs — les vifs. Signe graphique : *Mouvements vifs de la plume, barres des t d'une excessive rapidité, écriture tendant à monter*. Ex. Beulé.

DÉCOURAGEMENT. — Natures descendantes, que les obstacles arrêtent facilement, qui s'abattent, ont des noirs, de tristesses de cœur, des mélancolies. Signe type : *Mouvement descendant de la ligne*. Ex. Une découragée.

FRANCHISE. — Développement du sens candide. Nature qui ont l'ouverture d'âme primitive, et qui ne redoutent pa qu'on pénètre leur pensée. Signe graphique : *Des mots de hauteur égale, et souvent des lettres grossissantes de hauteur à la fin des mots*. Ex. Lottin de Laval.

FINESSE, RUSE, DISSIMULATION, IMPÉNÉTRABILITÉ. — Natures qui s'observent beaucoup, cherchent à pénétrer le autres et à ne pas se laisser pénétrer elles-mêmes. Signe graphique : *Ecriture dont les lettres vont diminuant de hauteu dans les mêmes mots*. Ex. Landriot, ancien archevêque de Reims.

32 croix

SENSUALITÉ. — Natures que les sensations physiques dominent beaucoup. Penchant aux plaisirs des sens. Signe graphique : *Ecriture appuyée, souvent pâteuse. Lettres renflées au milieu des jambages.* Ex. Léo Lespès.

33 Petit Minois

POSE, RECHERCHE, PRÉTENTION, COQUETTERIE. — Développement du sens vaniteux. Natures qui désirent être remarquées, ou qui cherchent à plaire. Signe graphique : *Lettres contournées en spirales, appelées fioritures.*

D D D J P 34

SIMPLICITÉ, ABSENCE DE POSE, DE PRÉTENTION, etc. — La simplicité est toujours l'indice d'une nature de valeur. Signe graphique : *Nulle fioriture ; le* d *minuscule ne fait aucune courbe intérieure en forme de volute*. Ex. Cavour.

35 De retour

IV. LE CARACTÈRE est l'âme active, c'est la résultante des instincts et de la nature. Les instincts et la nature changent peu. Le caractère peut se modifier.

FORCE, HARDIESSE, ÉNERGIE, VIRILITÉ.—Les caractères forts, hardis, énergiques se reconnaissent dans l'écriture par les signes graphiques suivants : *Grande fermeté du trait de la plume ; — lettres peu inégales en hauteur ; — rarement des courbes, et fréquemment des lettres anguleuses à leur base ;* — des massues fréquentes terminent les barres des *t* ; — l'écriture tend à être verticale ; souvent la signature est un simple coup de plume rapide, aigu comme un glaive. Ex. Thiers.

...itoire, adieu les arts l'histoire
... apprend tout, les arts qui
...oleur de tout

DOUCEUR. — Signe graphique : L'emploi fréquent de la courbe au lieu de l'angle dans le bas des lettres. Ex. Les *m* et les *n* sont faits comme des *u*.

RAIDEUR, FERMETÉ, RIGIDITÉ. — Les caractères raides ont pour signes types : Beaucoup d'angles dans leur écriture; — absence de courbes; le trait sec, net, hardi. Ex.

VIOLENCE, BRUTALITÉ. — Caractère toujours porté à user de la force. Signe graphique : Les signes précédents avec intensité; — volonté puissante manifestée par les massues de l'écriture. — Chez les violents, la barre des *t* quelquefois est si vive qu'elle ne touche pas la lettre et se trouve à côté dans le blanc du papier, comme chez le duc de Praslin. Ex. Pierre-Napoléon Bonaparte.

DOMINATION, DESPOTIVITÉ. — Sens du commandement. Les caractères despotiques ont pour signe graphique spécial : Les barres des *t* très-hautes, quelquefois ne touchant pas la hampe de la lettre. Ex. L'impératrice Eugènie.

BIZARRERIE, ÉTRANGETÉ, ORIGINALITÉ, SINGULARITÉ — Signe graphique : *Toute forme spéciale, étrange de lettre qui semble faite à plaisir, qu'on ne retrouve dans nulle autre écriture, et que le scripteur semble affecter.* Ex. Le duc de Brunswick.

V. L'ESPRIT dit spécialement les facilités de l'âme. On peut avoir de précieuses qualités et manquer du côté de l'esprit. L'esprit se cultive. Les qualités tiennent davantage aux instincts et à la nature.

ESPRIT LUCIDE, NET, CLAIRVOYANT, JUDICIEUX, VOYANT BIEN LES CHOSES SOUS LEURS VRAIS ASPECTS. — Signe graphique : *Grand espace séparant les mots et les lignes ; — nul enchevêtrement des jambages des lettres d'une ligne à l'autre.* Ex. Cavour.

Recevez de nouveau
42
remerciements et croyez

ESPRIT PEU LUCIDE, PEU NET, PEU JUDICIEUX, VUE CONFUSE DES CHOSES. — Signe graphique : *Pas d'espace entre les mots et entre les lignes, enchevêtrement des jambages des lettres d'une ligne à l'autre.*

43

ESPRIT ATTENTIF, APPLIQUÉ, ORDONNÉ, EXACT. — Signe graphique : *Ordre, proportion, constance dans les mêmes formes de l'écriture ; — ponctuation soignée ; — les points mis attentivement sur les i et non pas plus loin sur les lettres qui ne les nécessitent pas.* Ex. Thiers. (Voyez plus haut.)

ESPRIST INATTENTIF, ÉTOURDI, LÉGER, INAPPLIQUÉ, DÉSORDONNÉ. — Signe graphique : *Manque d'ordre ; écriture très-négligée ; oubli des détails ; lettres avortées ; extrême laisser aller de l'écriture.*

ESPRIT CALME, FROID, NE S'EMPORTANT PAS, MAITRE DE LUI. — Signe graphique : *Lettres sobres, régulières, un peu verticales, égales de hauteur, presque calligraphiques ; nul mouvement de la plume, sinon pour tracer régulièrement la lettre.* Ex. Le P. de la Colombière.

L'ardeur avec laquelle
44 toutes les bénédictions

ESPRIT COMMUN, VULGAIRE, GROSSIER. — Signe graphique : *Accumulation de formes disgracieuses, inharmoniques dans les traits de l'écriture.* Ex.

ESPRIT DÉLICAT, GRACIEUX. — Signe graphique : *Formes d'écriture gracieuses, harmoniques ; — absence de toute lettre vulgaire, inharmonique.* Ex. Fénelon.

VI. LES APTITUDES sont les dispositions naturelles de l'âme.

SENS ESTHÉTIQUE, SENS DU BEAU, SENTIMENT DE L'ART, POÉSIE ; — LITTÉRATURE ; ART. — Signe graphique : *La forme gracieuse des courbes ; des majuscules très-harmoniques ; usage, par instinct, des lettres qui se rapprochent des lettres typographiques.* Ex. Victor Hugo.

SENS ABSTRAIT, PHILOSOPHIE, DIDACTIQUE. — Signe graphique : Emploi exclusif de lettres très-simples; écriture de sobriété absolue, aussi peu mouvementée que la plume peut la produire *Ex. Pascal.*

SENS PRÉCIS, MATHÉMATIQUES, SCIENCES EXACTES. — Signe graphique : *Lettres courtes, sobres, petites lettres prismatiques qui souvent ressemblent aux chiffres arabes.* Ex. D'Alembert.

SENS UTILITAIRE, TRAVAIL DE PRODUCTION, INDUSTRIE ET COMMERCE. — Signe graphique : Chaque industriel ou commerçant a l'écriture qui va à ses facultés, à ses instincts. Mais d'ordinaire leur paraphe est compliqué en forme de toile d'araignée. Ex. Un industriel habile.

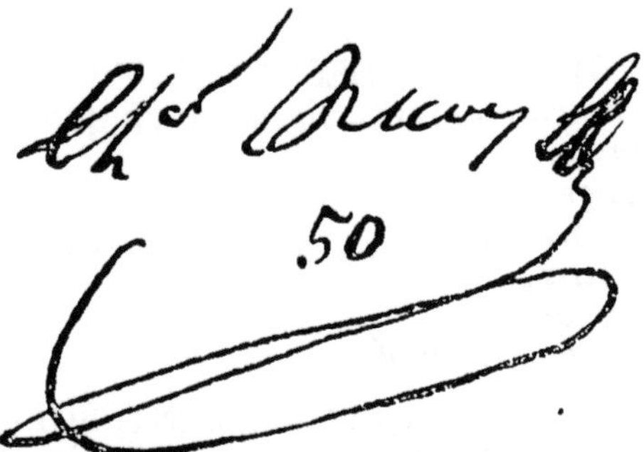

SENS NÉGOCIATEUR, DIPLOMATIE. — Signe graphique : Ligne à direction sinueuse, formant une écriture serpentine. Ex. Talleyrand. Chaque mot même est sinueux.

51

VII. LES GOUTS sont des inclinations, des prédilections de l'âme.

GOUTS SIMPLES.— On repousse toute ostentation. — Signe graphique : *Lettres uniquement indiquées pour qu'on les distingue l'une de l'autre sans aucune parure calligraphique.* Ex. Boileau.

52 de Paris Citoyen inhabile,

GOUTS AFFECTÉS. Signe graphique : Recherche d'ornements de l'écriture.

53

GOUTS ARISTOCRATIQUES, VIE BRILLANTE, RECHERCHE DU GRAND MONDE. Signe graphique : *Hauteur excessive, anormale de la première hampe de la majuscule* M.

54

GOUTS NEGLIGENTS, DÉSORDONNÉS. On ne tient en rien à l'ordre, à l'arrangement. Signe graphique : *Ecriture où ne se montre aucun soin, aucun arrangement, aucune proportion des lettres, aucun soin des détails*. Ex. Un désordonné.

55

GOUTS ORDONNÉS, ARRANGEMENT, SOIN, APPLICATION. Signe graphique : *Ecriture soignée, régulière, jolie sans être calligraphique, où tout est à sa place.* Ex. Saint-François-de-Sales.

56

VIII. Les passions sont un développement excessif et violent de nos instincts et de notre nature, la manifestation en excès des forces de notre âme.

Toute écriture où se trouvent avec grande intensité les signes graphiques de tel instinct, de telle nature, nous donne la passion correspondante.

Ex. Les positifs, les rangés, les économes *évitent les blancs du papier, les marges, les alinéas, font les finales des mots très-courtes, comme s'ils épargnaient l'encre, tassent les lettres et les mots*, comme ils tassent leurs billets de banque. Toute écriture où ces signes seront intenses, très-marqués, accumulés, pour ainsi dire, nous donnera la *passion de l'avarice.*

Les sensuels, les gourmands, les hommes enclins aux plaisirs des sens, ont l'*écriture appuyée, aux jambages renflés, quelquefois pesante, pâteuse.* Toute écriture où se trouvera ce signe graphique très-intense, fortement indiqué, nous donne *la passion sensuelle.*

La dureté, la violence poussées à l'excès font les cruels Toute écriture où s'entasseront les signes graphiques de la dureté, de la violence, de la brutalité, nous donnera *la passion cruelle.* Ainsi, l'écriture de l'affreux Troppmann a, avec intensité, les signes de l'*égoïsme*, de la *brutalité*, de l'*extravagance*, de la *vanite*, de la *volonté dure*, de la *despotivité*, de la *violence*.

Toute force en excès dans l'âme arrive à une passion.

Il suffit de constater cet excès, au moyen de l'intensité dans la reproduction des signes graphiques, et l'on peut conclure à l'existence de la passion.

Dans cet abrégé, nous avons dû omettre un nombre considérable de signes graphiques pour ne donner que le signe le plus saillant, le plus facile à constater. Il faut pour avoir une notion sérieuse de cette science intéressante, étudier *la classification graphologique* qui fait la partie la plus considérable du *Système de Graphologie*, (Paris, 5, rue de Chanaleilles, au bureau du journal de la *Graphologie*, ou bien librairie moderne, boulevard Montmartre, 17. — Prix : 3 fr.)

Bien souvent des signes graphiques sont complexes et forment ce qu'on appelle en graphologie *les résultantes*. J'ai dû les omettre dans un travail d'abrégé, qui a pour but de donner une notion simple et vraie d'une science nouvelle, mais qui, évidemment, ne peut, dans quelques pages, renfermer tout un volume.

EN VENTE

FRANCO PAR LA POSTE

Au Bureau du Journal de la *GRAPHOLOGIE*

5, rue de Chanaleilles, Paris

Ouvrages du même Auteur.

La Joueuse, 1 vol	2 fr.	» c.
Mémoires d'une Institutrice, 1 vol	3	»
Les Roquevair, sous le pseudonyme de A. Méral, 1 vol.	1	»
Geneviève de Paris, 1 vol.	1	»
Les Enfants de Clovis, 1 vol. . . .	1	»
Radégonde, 1 vol.	1	»
Le Roman de ma Portière, 1 vol. .	1	»
Les Ultra-Catholiques, 1 vol. . . .	2	50

Ouvrages de Graphologie.

Système de graphologie, par J.-H. Michon, 1 vol.	3 fr.	» c.
Méthode pratique de graphologie, par le même (sous presse) . . .	3	»
Histoire de l'écriture, in-4°, reliure de luxe, par le même (sous presse)	16	»

Dictionnaire des notabilités de la France jugées sur leur écriture, par le même. Format du grand dictionnaire Larousse.

Souscription : 50 c. la livraison. L'ouvrage aura de 120 à 130 liv.

Souscription par volume : 2 vol. à 20 fr. le vol.

Tout Abonné au Journal de *la GRAPHOLOGIE*, 5, rue de Chanaleilles, Paris, (France, 8 fr., Europe 10 fr. par an), reçoit en *prime*, son portrait intellectuel et moral, fait d'après son écriture *non appliquée*, mais habituelle et courante. Ecrire à M. Michon, 5, rue de Chanaleilles.

www.ingramcontent.com/pod-product-compliance
Ingram Content Group UK Ltd.
Pitfield, Milton Keynes, MK11 3LW, UK
UKHW020947180726
13838UKWH00003B/1169

9 782329 279510